REVISTA DE DIREITO E DE ESTUDOS SOCIAIS

ANO L (XXIII da 2.ª Série) Janeiro-Junho – 2009 N.ºs 1-2

PUBLICAÇÃO TRIMESTRAL

DIRECÇÃO E ADMINISTRAÇÃO: Rua das Francesinhas, 21-1.° E – Lisboa

EMPRESA PROPRIETÁRIA:
SOCIEDADE DE PUBLICAÇÃO E ESTUDOS SOCIAIS, SPES
Rua de S. Bento, 326-2.° – Lisboa

EDITORA, DISTRIBUIDORA E DEPOSITÁRIA:
EDIÇÕES ALMEDINA, SA
Avenida Fernão de Magalhães, n.° 584, 5.° Andar — 3000-174 Coimbra
Tel.: 239851904 - Fax: 239851901

ALMEDINA

REVISTA DE DIREITO E DE ESTUDOS SOCIAIS

DIRECTORES
BERNARDO DA GAMA LOBO XAVIER
PEDRO ROMANO MARTINEZ

DISTRIBUIDORA
EDIÇÕES ALMEDINA. SA
Av. Fernão Magalhães, n.º 584, 5.º Andar
3000-174 Coimbra
Tel.: 239 851 904
Fax: 239 851 901
www.almedina.net
editora@almedina.net

PRÉ-IMPRESSÃO | IMPRESSÃO | ACABAMENTO
G.C. – GRÁFICA DE COIMBRA, LDA.
Palheira – Assafarge
3001-453 Coimbra
producao@graficadecoimbra.pt

Janeiro, 2010

DEPÓSITO LEGAL
261792/07

Os dados e as opiniões inseridos na presente publicação
são da exclusiva responsabilidade do(s) seu(s) autor(es).

ÍNDICE

Doutrina:

DOUTRINA

Para uma leitura serena e atenta do "Caso Webster"

Albino Mendes Baptista

1. Introdução

O "Caso Webster" tem sido objecto de leituras precipitadas, desatentas e pouco rigorosas.

Falou-se de "novo Bosman", de "revolução no Desporto", de "bomba atómica", de um lado, de "vitória de Pirro, de "dia negro para o futebol", do outro.

Tudo qualificações, a meu ver, exageradas e descabidas, correspondendo a leituras parciais e "alinhadas".

Aliás, de repente começou a designar-se os novos casos desportivos, particularmente quando coincidem com as nossas opiniões, de acórdãos históricos. De tantas "decisões históricas" qualquer dia temos mesmo o "fim da História".

Depois diz-se que o "Caso Webster" coloca gravemente em causa a estabilidade contratual, o equilíbrio das competições e a especificidade do desporto.

A meu ver, mais um outro exagero, aliás recorrente. Pense-se na reacção de determinados sectores do desporto ao "Acórdão Bosman" e como mais de uma década depois o desporto continua a resistir à outra construção sobre o "fim da História".

A História não se faz por movimentos repentinos. Mesmo as revoluções são consequência de movimentos graduais, pequenos saltos e prolongadas gestações.

Quer aos "cultores da emancipação" quer aos "adeptos da desgraça" sugere-se, desde já, a leitura do interessante estudo de JAVIER RODRÍGUEZ TEN, intitulado "El "caso Webster": tempestad, tormenta o chirimiri?"[1].

O que me proponho neste texto é apresentar um contributo para uma leitura não precipitada do "Caso Webster". Na verdade, importa proceder à sua análise serena e atenta, que se impõe face às muitas leituras que se têm feito em que a preocupação tem sido sobretudo a defesa de interesses concretos, o que naturalmente perturba a objectividade da abordagem.

Há algo que os leitores têm o direito de saber. Não me move nenhum interesse concreto (de sindicatos, de praticantes desportivos, de ligas ou de clubes). O que significa que tenho condições da base para efectuar essa análise. Se vou ser capaz de a fazer só os leitores o poderão ajuizar. Mais uma vez me exponho assim (é o que sempre sucede a quem escreve) à crítica dos interessados.

---

[1] JAVIER RODRÍGUEZ TEM, "El "caso Webster": tempestad, tormenta o chirimiri?", *Revista Jurídica del Deporte*, n.º 24, 2008, pp. 445 e ss.

*

O Desporto é uma realidade muito curiosa.

Enquanto discutimos internamente decisões do Supremo Tribunal de Justiça (STJ), mesmo acórdãos uniformizadores[2], ou do Tribunal Constitucional (TC), de forma aberta e frontal, há alguma tendência para encarar as decisões do Tribunal Arbitral do Desporto (TAS – "Tribunal Arbitral du Sport")[3] ora como "bulas" ora como "excomunhões", ao estilo medieval, conforme os actores sociais envolvidos.

E isso é algo que não aceito. Os árbitros do TAS são juristas comuns, não necessariamente mais qualificados.

*

Depois, o estudo científico do desporto apresenta resultados muito constrangedores. Faltam "juristas do desporto".

O Direito do Desporto não pode estar dominado pelos chamados "homens do futebol" (a referência ao futebol é propositada), ainda que possuam o Curso de Direito.

Finalmente, tem de se falar menos em interesses. Não se pode, nem se deve, criar um estigma sobre as pessoas, identificando-as com a defesa de interesses. Se assim for é o fim do debate científico. Afinal tudo se explica e reduz à defesa de interesses.

---

[2] Vd., por exemplo, JÚLIO GOMES, "Seguro de Acidentes de Trabalho. Para uma interpretação restritiva – ou mesmo revisão – do Acórdão Uniformizador de Jurisprudência n.º 10/2001, de 21 de Novembro", *Revista do Ministério Público*, n.º 116, 2008, pp. 5 e ss.

[3] Sobre o TAS, vd., entre outros, ALBINO MENDES BAPTISTA, *Estudos sobre o Contrato de Trabalho Desportivo*, Coimbra, 2006, pp. 169 e ss., e *Direito Laboral Desportivo*, I, Lisboa, 2003, pp. 107 e ss.

[4] O regulamento da FIFA relativo ao Estatuto e Transferências de Jogadores pode ser consultado, em língua espanhola, em *http://es.fifa.com/index.html?language=es*

2. Regulamento da FIFA relativo ao Estatuto e Transferências de Jogadores[4]

A análise do "Caso Webster" deve ser precedida do conhecimento da base jurídica invocada nesse processo, o art.º 17.º do Regulamento da FIFA[5] relativo ao Estatuto e Transferências de Jogadores de 2001 (doravante Regulamento FIFA), com nova redacção em vigor desde 1 de Janeiro de 2008.

Este Regulamento resultou de um entendimento entre a FIFA e a Comissão Europeia, a que a FIFPRO ("Federação Internacional das Associações de Futebolistas Profissionais") se associou, e representa o reconhecimento por parte daquela instituição comunitária da especificidade do desporto.

O referido art.º 17.º do Regulamento FIFA está inserido no Capítulo IV, que tem o título "Estabilidade contratual entre jogadores profissionais e clubes".

Este capítulo tem seis artigos, assim distribuídos:

- Art.º 13.º – "Cumprimento dos contratos"
- Art.º 14.º – "Rescisão de contratos com justa causa"
- Art.º 15.º – "Rescisão de contratos com justa causa desportiva"
- Art.º 16.º – "Restrição quanto à rescisão de um Contrato durante a temporada"
- Art.º 17.º – "Consequências da ruptura de contratos sem justa causa"
- Art.º 18.º – "Disposições especiais relacionadas com os contratos entre jogadores profissionais e clubes".

[5] "Fédération Internationale de Football Association".

Por ser central para a compreensão do "Acórdão Webster", transcreve-se, na íntegra, o art.º 17.º (Consequências da ruptura de contratos sem justa causa):

Aplicam-se as seguintes disposições sempre que um contrato for rescindido sem justa causa:

1. Em todos os casos, a parte que rescinde o contrato obriga-se a pagar uma indemnização. Sem prejuízo das disposições sobre indemnização de formação do artigo 20.º e do Anexo 4, e salvo disposição em contrário no contrato, a indemnização por incumprimento é calculada tendo em consideração a legislação nacional, a especificidade do desporto e outros critérios objectivos. Estes critérios deverão incluir, em particular, a remuneração e outros benefícios pagos ao jogador nos termos do contrato vigente ou do novo contrato, o tempo restante do contrato, até um máximo de cinco anos, os custos e as despesas pagos pelo clube anterior (amortizados ao longo da vigência do contrato), assim como se a rescisão do contrato ocorre num período protegido.

2. O direito a uma indemnização não pode ser cedido a terceiros. Se for exigido o pagamento de compensação a um jogador profissional, este e o novo clube respondem solidariamente por este pagamento. O montante pode ser estipulado no contrato ou acordado entre as partes.

3. Para além da obrigação de pagar uma indemnização, serão impostas sanções desportivas a qualquer jogador que rescinda um contrato durante o período protegido. A sanção corresponde a uma restrição de quatro meses na sua qualificação para jogar em qualquer partida oficial. Em caso de circunstâncias agravantes, a restrição será de seis meses. Em todos os casos, estas sanções desportivas têm efeito desde o início da época seguinte do novo clube. O incumprimento unilateral sem justa causa ou justa causa desportiva após o período protegido não implicará sanções desportivas. Fora do período protegido podem ser impostas medidas disciplinares por falta de notificação da rescisão nos quinze dias seguintes ao último jogo oficial da época (incluindo as taças nacionais[6]). O Período Protegido reinicia-se quando, ao renovar do contrato, se prolonga a duração do contrato anterior.

4. Para além da obrigação de pagar indemnização, serão impostas sanções desportivas a qualquer clube que rescinda o contrato durante o período protegido, ou que se considere ter induzido à rescisão do contrato. Presume-se, salvo demonstração em contrário, que qualquer clube que celebre um contrato com um jogador profissional que tenha rescindido o seu contrato sem justa causa o tenha induzido a tal rescisão. A sanção consistirá em proibir o clube de inscrever novos jogadores, quer no âmbito nacional como no internacional, durante os períodos de inscrição.

5. Será sancionada qualquer pessoa sujeita aos Estatutos e Regulamentos da FIFA (dirigentes de clubes, agentes de jogadores, jogadores, etc.) que actue de qualquer forma que induza à rescisão de um contrato entre um jogador profissional e um clube com a finalidade de facilitar a transferência do jogador.

Nos termos do ponto 7 das "Definições" constantes da parte inicial do Regulamento FIFA, entende-se por "Período Protegido":

um período de três épocas completas ou de três anos, o que ocorrer primeiro, após a entrada em vigor de um contrato,

---

[6] Por razões que aqui não consideraremos, por influência, ao que tudo indica, do Processo Webster, o Regulamento FIFA que entrou em vigor no dia 1 de Janeiro de 2008, fixou como fim da época desportiva não o último jogo do campeonato, como sucedia até então, mas o último jogo oficial da época, aí incluindo os jogos da taça.

se tal contrato tiver sido assinado antes do 28.º aniversário do jogador profissional ou um período de duas épocas completas ou de dois anos, o que ocorrer primeiro, após a entrada em vigor de um contrato, se tal contrato tiver sido assinado após o 28.º aniversário do jogador profissional.

Dir-se-ia que a "mini-revolução", de que nos fala JUAN DE DIOS CRESPO PÉREZ[7], começou com este Regulamento FIFA de 2001. Surpreende que os seus efeitos só se façam sentir em 2007, seis anos depois (!), quando pela 1.ª vez é invocado o art.º 17.º pelo jogador profissional de futebol Andrew Webster.

3. Os factos[8]

Em 31.3.01, Webster e o clube escocês de futebol Heart celebraram um contrato de trabalho desportivo para vigorar até 30.6.05.

O Heart pagou ao Arbroath pela transferência £ 75.000[9].

No dia 31.7.03, as mesmas partes outorgaram um novo contrato com termo em 30.6.07.

O rendimento desportivo do jogador, com a sua chamada à selecção escocesa, levou o Heart, em Abril de 2005, a querer renovar o contrato, mas sem sucesso. A mesma intenção foi reiterada insistentemente entre Janeiro e Abril de 2006.

Entre Janeiro e Abril de 2006, Webster não foi convocado para um elevado número de jogos, o que foi interpretado pelo jogador como uma forma de pressão do clube para assinar um novo contrato.

---

7 JUAN DE DIOS CRESPO PÉREZ, "El Caso Webster: Uso del Artículo 17 do Regulamento Fifa para la Terminación Antecipada del Contrato. Outro Nuevo Bosman?", *Revista Brasileira de Direito Desportivo*, n.º 13, 2008, p. 161.

8 O Acórdão Webster encontra-se publicado em *www.tas-cas.org/*d2wfiles/document/363/5048/0/CAS%201298%201299%201300%20Award.pdf

9 Cerca de € 100.000.

No dia 4.5.06., Webster decidiu resolver o contrato alegando justa causa.

Em 26.5.06., altera o fundamento rescisório e invoca o art.º 17.º do Regulamento FIFA.

Nos finais de Junho de 2006, o Heart recebeu uma proposta de transferência do Southampton de £ 1,5 milhões, que rejeitou por entender que o valor de mercado do jogador era superior.

Outros clubes demonstraram interesse no atleta.

A 9.8.06., Webster e o clube inglês Wigan celebraram um contrato de trabalho desportivo com a duração de três anos.

Em Novembro de 2006, o Heart reclamou junto da Câmara de Resolução de Litígios da FIFA (DRC – "Dispute Resolution Chambre") uma indemnização de £ 5.037.311[10] como compensação pelo prejuízo causado.

No dia 4.4.07., a DRC decidiu que o jogador e o Wigan tinham de pagar um total de £ 625.000[11] ao Heart. Para a quantificação deste montante teve em conta o valor residual do contrato, as condições financeiras do contrato do jogador com o Wigan, a quantia que o Heart pagou pela transferência do jogador em 2001, a circunstância da cessação do contrato ter sido feita fora do período protegido, os 5 anos de ligação contratual (que contribuíram para a valorização do jogador) e o interesse do Heart no futebolista.

O jogador entendia que o montante a pagar ao Heart deveria ser, se devido, de £ 150.000[12].

Do contrato outorgado entre Webster e o Heart não constava qualquer "cláusula de rescisão".

As partes não se conformaram com esta decisão e recorreram ao TAS.

---

[10] € 6.570.910,15.

[11] € 815.294,46.

[12] € 195.676,97.

4. A Decisão do TAS

Por decisão tomada a 30 de Janeiro de 2008, o TAS revogou a decisão da DRC entendendo, além do mais, que esta não explicitou com clareza a fórmula de apuramento do referido montante indemnizatório.

O tribunal centra-se sobretudo na análise do art.º 17.º do Regulamento FIFA, já nosso conhecido.

Resulta claro da decisão arbitral que os critérios definidos no Regulamento FIFA, para o cômputo da indemnização pela ruptura unilateral do contrato e sem justa causa, só se aplicam na falta de estipulação contratual prévia, *maxime* "cláusula de rescisão".

Ora, do contrato outorgado entre Webster e o Heart não constava qualquer "cláusula de rescisão".

Neste contexto, o tribunal passa à análise daqueles critérios.

No caso não estava em causa uma compensação por formação, que sempre teria autonomia.

Quanto ao salário que o jogador passou a receber com o novo contrato o TAS entendeu não o dever levar em consideração.

Relativamente ao fundamento principal do Heart, o "valor de mercado da transferência", pela "perda da oportunidade de transferir o jogador", bem como pela necessidade de contratar um outro jogador com características similares, o TAS afirmou que esta possibilidade significaria o regresso a um regime ante-Bosman quando a livre circulação estava cerceada pelos custos de transferência.

Afirmou-se depois que o montante pago pelo Heart, ao anterior clube, pela transferência (£ 75.000), não deveria ser considerado para efeitos de cômputo do valor da indemnização, uma vez que existindo dois contratos, o primeiro amortizou os custos da transferência e não se podem repercutir no segundo. Por outro lado, estava-se fora do período protegido.

Quanto à especificidade do desporto, o acórdão do TAS diz, sem mais, que havia que compatibilizar a necessidade de estabilidade contratual no mundo do futebol com a livre circulação dos jogadores.

Não havendo indemnização acordada, prejuízo provado e amortização pendente, restou (!) ao tribunal condenar o jogador a indemnizar o clube no valor das retribuições devidas até ao final do contrato (Junho de 2007) – £ 150.000[13].

5. Apreciação da Decisão

5.1. *Exclusões*

1.ª – O Regulamento FIFA aplica-se apenas às transferências internacionais. Assim, as transferências internas são reguladas por normativos nacionais.

Mesmo relativamente às transferências internacionais colocam-se complexos problemas de direito aplicável e de competência processual, atendendo, além do mais, a que o Regulamento FIFA é um regulamento privado.

Estas questões, só por si, mereceriam desenvolvimentos que terão de ficar para outra oportunidade.

2.ª – O Acórdão não pode ser transposto para situações em que existam estipulações contratuais estabelecendo quer "penas de arrependimento" ("cláusulas de rescisão") quer cláusulas penais.

Por outras palavras, as disposições contratuais afastam a aplicação do Regulamento FIFA.

Nas palavras de JAVIER RODRÍGUEZ TEN:

> "(...) *resulta óbvio que a decisão é inaplicável se existir cláusula de rescisão expressa, sem prejuízo de possíveis impugnações do montante quando constitua um manifesto abuso, tal como (pelo menos em Espanha) preconizaram algumas sentenças judiciais.*"[14]

---

[13] € 195.676,97.

[14] JAVIER RODRÍGUEZ TEN, "El "caso Webster": tempestad, tormenta o chirimiri?", *cit.*, p. 450.

5.2. *A proposta do Southampton*

Como vimos, nos finais de Junho de 2006, o Heart recebeu uma proposta de transferência do Southampton de € 1,5 milhões, que rejeitou por entender que o valor de mercado do jogador era superior.

Só que sendo esta proposta posterior à ruptura do contrato pelo jogador não foi considerada na decisão do TAS.

Bastava, por isso, a proposta ser anterior a essa resolução para que o diferendo tivesse seguramente um outro desfecho. É esta, de resto, a opinião assumida expressamente pelo advogado do jogador JUAN DE DIOS CRESPO PÉREZ, invocando o "Caso Mexès" em que a oferta do AS Roma, anterior à rescisão, foi tida em conta pelo TAS, para efeitos de arbitrar uma maior indemnização[15-16].

Por isso, é uma precipitação, logo por esta circunstância, aproximar a presente decisão do (nosso) "Caso Zé Tó". Voltaremos a este ponto.

A meu ver, nem o Regulamento da FIFA nem as decisões do TAS podem deixar de aplicar o princípio de que a indemnização pela ilicitude se estende a todo o prejuízo causado, naturalmente abrangendo os danos emergentes e os lucros cessantes, e não esquecendo esse parente pobre que têm sido os danos não patrimoniais.

---

[15] JUAN DE DIOS CRESPO PÉREZ, "El Caso Webster: Uso del Artículo 17 do Regulamento Fifa para la Terminación Antecipada del Contrato. Outro Nuevo Bosman?", *cit.*, p. 153.

[16] Chamando igualmente a atenção para o "Caso Mexès", em que o preço fixado para a transferência foi computado para efeitos indemnizatórios, vd. JAVIER RODRÍGUEZ TEN, "El "caso Webster": tempestad, tormenta o chirimiri?", *cit.*, p. 451, n. 6.

5.3. *"O valor de mercado"*

Um jurista, muito naturalmente, não aprecia a expressão "valor de mercado". Mas, como resulta do que se disse a propósito da proposta do Southampton, há, na vigência do contrato, um valor associado à "transferência" de um futebolista que deve merecer tutela jurídica.

EMÍLIO GARCIA SILVERO alude, por exemplo, à "titularidade da expectativa económica gerada pelos direitos formativos"[17]. O mesmo autor informa que a administração tributária espanhola determinou que quer os direitos formativos quer a cessão das indemnizações derivadas de cláusulas de rescisão têm suficiente e idónea concretização para constituir-se como garantia[18].

O Tribunal da Relação de Coimbra, em aresto datado de 22 de Março de 2000[19], entendeu que o direito de cedência ou de transferência dos praticantes profissionais de futebol pode ser objecto de penhora e de arresto. Conclui-se, nessa decisão judicial: deve ser deferida a autorização, requerida pelo arrestante, para praticar os actos tidos por indispensáveis à conservação do direito do arrestado, designadamente proceder ao pagamento das retribuições daqueles praticantes, para manter o vínculo laboral e salvaguardar aquele direito.

No mesmo sentido, veja-se o acórdão do Supremo Tribunal de Justiça, de 21 de Novembro de 2000[20], onde se sustentou que podem ser objecto de arresto (e penhora subsequente) os passes dos jogadores profissionais de futebol, "não obstante estar em causa um contrato de trabalho regulado pela Lei n.º 28/98, de 26 de Junho".

---

[17] EMÍLIO GARCIA SILVERO, *La Extinción de la Relación Laboral de los Deportistas Profesionales*, Navarra, 2008, pp. 113 e ss.

[18] EMÍLIO GARCIA SILVERO, *La Extinción de la Relación Laboral de los Deportistas Profesionales*, cit., pp. 113 e ss.

[19] *Colectânea de Jurisprudência*, 2000, II, 16.

[20] *Colectânea de Jurisprudência. Acórdãos do STJ*, 2000, III, 130.

Como se sabe, no sistema bancário aceita-se como garantia os "passes" dos jogadores.

Trata-se de matéria muita complexa, que, só por si, justifica estudo aprofundado, que terá também de aguardar outra oportunidade.

Não estamos sequer a aderir a uma certa visão da realidade que as situações sumariadas podem representar.

Julgo, em todo o caso, que os clubes podem ter uma expectativa legítima de ganho com a "transferência" do praticante desportivo, ocorrida antes do final do contrato. Não está obviamente em causa a necessidade do consentimento dos praticantes desportivos para que essa expectativa mereça tutela jurídica. **Trata-se de uma expectativa sujeita a dupla condição: aparecer um clube interessado e o jogador dar o seu assentimento.**

E, neste plano, e com estes limites, não se pode dizer que não haja um "custo de transferência" dos futebolistas, bem como de outros praticantes desportivos. Aliás, há futebolistas que o afirmam expressamente, quantificando mesmo esse montante (por valores – qualquer coisa como 100 milhões de euros – que, diga-se de passagem, particularmente em época de crise, são chocantes). Ora se um futebolista consegue avaliar o custo da sua "transferência" não se vê como um tribunal não o possa fazer.

Convém, além do mais, ter presente que os praticantes desportivos são crescentemente muito mais do que isso. São, em muitos casos, poderosos agentes de publicidade e de marketing.

E se há realidades que o mercado criou e inteiramente explica são a publicidade e o marketing.

Em suma, aceitamos que o praticante desportivo tem um "custo de contratação", o que não prejudica, nem pode, a necessidade de obter o seu acordo para a "transferência" ou "cedência". Como têm os artistas, relativamente aos quais o Direito do Trabalho, na sua perspectiva clássica e/ou conservadora, tem sido bem menos simpático e tem estado muito mais desatento. Artistas como George Clooney, Shakira, Angelina Jolie, Brad Pitt, Madonna ou Just Timberlake, entre outros, têm obviamente um "custo de contratação".

E todos, praticantes desportivos e artistas, gostam de o ter!

Nada do exposto é incompatível com dois aspectos que importa vincar.

Em 1.º lugar, aludir a um "valor de transferência" não significa a desconsideração da pessoa e da sua dignidade. Expressa antes o funcionamento do mercado, em que assenta, bem ou mal, o fenómeno desportivo.

Em 2.º lugar, não se trata de endeusar o mercado. Já o disse, muito antes da actual crise económica, e reafirmo-o, pessoalmente não acredito no modelo (neo)liberal[21]. O mercado precisa de ser regulado, balizado, condicionado. Mais ainda: é preciso introduzir factores correctivos, assentes na afirmação da importância dos princípios e dos valores e aumentando os níveis de censura social para comportamentos associados à corrupção e ao tráfico de influências. Estou profundamente convencido de que se o Homem não reconfigurar os seus padrões de comportamento e de actuação, a sociedade que se construirá será ainda mais superficial, desigual e injusta. Vou até mais longe: hoje o que separa as pessoas, em termos ideológicos[22], na minha modesta opinião, é a defesa (ou não) de um modelo social e político assente em valores éticos (luta contra a corrupção e enriquecimento desonesto) e na defesa da dignidade das pessoas (que pressupõe maior justiça social e redistribuição da riqueza).

Não se pense que tudo isto é despropositado. Concretizemos.

As perguntas que terão de ser feitas aos praticantes desportivos, aos clubes e às respectivas estruturas representativas, são, nomeadamente, as seguintes:

- Pretende-se uma mudança de paradigma?
- Pretende-se reduzir as retribuições praticadas? Pretende-se caminhar para um sistema de "tectos salariais"?

---

[21] ALBINO MENDES BAPTISTA, *Temas de Direito do Trabalho e de Direito Processual do Trabalho*, Livraria Petrony, Lisboa, 2008, p. 218.

- Pretende-se aumentar os níveis de identificação dos jogadores com os clubes, valorizando o chamado "amor à camisola"?
- Pretende-se respeitar, com seriedade, os adeptos?
- Pretende-se esbater o fosso entre clubes? Pretende-se reforçar os mecanismos de solidariedade? Pretende-se proceder a uma repartição mais equitativa de receitas desportivas?

A resposta a estas perguntas, sobre as quais tenho uma ideia clara, ultrapassaria o âmbito deste estudo. Não tenho, todavia, dúvidas de que o futuro do Direito do Desporto pressupõe intenso debate, e sem preconceitos, em torno destas questões. Sem ignorar nunca que o Desporto não é um microcosmo social.

*

Não se discorda que o "custo de transferência" do jogador deva ser objecto de cuidada avaliação. O jogador também contribui, e muito, para a determinação do seu "valor".

Mas, não é possível ignorar que as estruturas desportivas dos clubes, a sua dimensão, a sua importância, o investimento feito na valorização dos seus atletas, não são factores despiciendos. Há atletas que, como sabe, são "recuperados" profissionalmente, ou muito valorizados, em certas equipas, não se podendo concluir nestes casos que o esforço, a disciplina e o talento do jogador explicam tudo. Depois, há um "preço de contratação" e custos associados à privação do concurso do atleta.

O problema será sempre um problema de prova, difícil ou não (nada me parece mais difícil de avaliar do que o "dano morte" e, no entanto, os tribunais não se abstêm, nem podem, de o quantificar).

O TAS teve o bom senso de centrar esta matéria sobretudo na prova que o Heart não terá logrado produzir.

Obviamente também não se questiona que se determinado clube prejudica ilicitamente um jogador, diminuindo o seu "valor", terá de responder por essa circunstância. Neste plano, não se percebe a argumentação do TAS, que parece conter uma petição de princípio, pois a depreciação do "valor de mercado", por acto ilícito do clube, também terá de ser considerada. O praticante desportivo tem sempre uma saída, que é romper o contrato com justa causa. E neste cenário, não vejo porque não possa responsabilizar o clube pela sua desvalorização profissional. Sobre o problema da prova e a quantificação do dano julgo estarmos entendidos.

Somos favoráveis, sem tergiversações, à aproximação dos efeitos da ruptura contratual, independentemente de quem assume essa iniciativa, jogador ou clube.

A referência feita pelo TAS à eventual depreciação do "valor" do jogador pelo facto de ter sido preparado por um "treinador incompetente" (considerando 143), é muito pouco feliz, porquanto se ignora a extrema dificuldade em proceder a esta qualificação e se esquece que a escolha do treinador comporta um risco lícito de onde dificilmente se retirará consequências indemnizatórias, assentes, como se sabe, e, em regra, na responsabilidade subjectiva. Aliás, a qualificação de um treinador como incompetente poderia, nesse cenário, consubstanciar justa causa de despedimento, o que, por exemplo, face à lei portuguesa seria altamente discutível. Acresce ainda que um treinador pode fazer um péssimo ou medíocre trabalho em determinada equipa e ser campeão numa outra.

Como é pouco feliz a alusão, no mesmo considerando, à condição de suplente que, em regra, assenta em opções técnicas e tácticas, insusceptíveis de integrar qualquer ilícito[23].

---

[22] Vale a pena a este propósito ler o livro de NICK COHEN, *O Que Resta da Esquerda?*, Lisboa, 2007.

[23] Para os casos em que o objectivo é prejudicar o praticante desportivo, remete-se para ALBINO MENDES BAPTISTA, "Grupo normal de trabalho, equipas "B" e dever de ocupação efectiva do praticante desportivo", *Direito Laboral Desportivo – Estudos*, vol. I, cit., pp. 9 e ss., e " Equipas "B", cedência temporária e dever de ocupação efectiva do praticante desportivo", *Estudos sobre o Contrato de Trabalho Desportivo*, cit., pp. 139 e ss..

Dizer-se que o "valor de mercado", ou numa terminologia mais feliz o "custo de transferência", não faz parte dos critérios constantes do art.º 17.º do Regulamento FIFA (considerando 144 do acórdão) parece ignorar o segmento em que se alude à "especificidade do desporto".

*

Ao contrário do que já foi sustentado, embora o TAS tenha afirmado que o invocado "valor de mercado" significava, no caso, voltar ao regime ante-Bosman, não se pode concluir pela irrelevância do "custo de transferência". Até porque, repete-se, noutra decisão do TAS – "Caso Mexès-AS Roma/Auxerre" – levou-se em consideração a oferta que a Roma formalizou pelo jogador, junto do Auxerre, previamente à rescisão contratual.

Aliás, Mexès rescindiu o contrato no período protegido, pelo que, conforme sublinha o próprio TAS, a indemnização teria de ser mais pesada.

Vai-se até mais longe. Em caso algum, o TAS ou outro tribunal, podem limitar, em todos as situações, o dano a ressarcir ao valor das retribuições devidas até final do contrato. Demonstrando-se prejuízos efectivos causados ao clube ou ao jogador impõe-se o seu **ressarcimento integral**[24].

Nestes termos, sublinhem-se, de forma clara, quatro ideias.

A primeira é que o "Acórdão Webster" vale para esse caso, tem uma factologia própria e a decisão assentou obviamente nessa factologia.

---

[24] ALBINO MENDES BAPTISTA, "Indemnização pela ruptura ilícita do contrato de trabalho, artigo 27.º da Lei do Contrato de Trabalho Desportivo e o Acórdão do Tribunal da Relação do Porto de 22 de Setembro de 2008", *Revista do Ministério Público*, n.º 116, 2008, pp. 29 e ss.

A segunda para dizer que rescindir o contrato dentro ou fora do período protegido, independentemente da restante factologia, faz, por si só, toda a diferença para efeitos de determinação do montante indemnizatório.

A terceira é que a composição do TAS não é a mesma em todos os litígios, o que não assegura a uniformidade de julgados, não havendo mecanismos processuais previstos para esse efeito, ainda que exista uma certa tendência para utilizar os "leading cases".

Em quarto lugar, o Regulamento FIFA é um regulamento privado e a decisão do TAS é uma resolução privada. Falar em "novo Caso Bosman", decisão ditada por um órgão jurisdicional, é, até por esta circunstância, uma manifesta incorrecção.

*

Voltemos atrás.

Há, efectivamente, um "custo de transferência" dos jogadores. Isso não significa que não sejam pessoas e que sejam desconsideradas enquanto tal. De resto, se alguma teoria desenvolveu a tese de que o trabalho é uma mercadoria foi a marxista...

O que está em causa não é a existência de um "valor de transferência" que, a meu ver, é inquestionável. É curioso verificar que há futebolistas que, como sublinhamos, dizem que valem isto ou aquilo. E o Direito não é uma ciência académica desligada da vida. Se a prática não legitima comportamentos anti-jurídicos, também é certo que o Direito não pode viver isolado da sociedade.

Se um clube tem uma perspectiva fundada (foi esta perspectiva fundada que terá faltado no "Caso Webster") de "transferir" um jogador e com isso obter um ganho patrimonial não se vê como essa situação não deva merecer a tutela do Direito.

Por outro lado, há jogadores a partir dos quais, bem ou mal, não releva juridicamente, se constroem equipas. Ora se esses jogadores rompem o contrato infundadamente isso pode ter um custo elevado para os clubes, de que estes se queiram legitimamente ressarcir.

A mera necessidade de contratar um outro jogador com características similares significa um custo patrimonial, que não tem de ficar a cargo de uma entidade que não rompeu o contrato e contra a qual não foi invocada qualquer justa causa de rescisão.

Não sejamos, por isso, precipitados. Não se trata de um regresso a um regime ante-Bosman (nome cada vez mais invocado em vão...), mas de ressarcimento de um dano. Nada mais.

Mas, acrescente-se, a não ser que se estabeleça uma "presunção de dano", **não há dano a ressarcir cuja prova não tenha de ser feita**. E foi, a este nível, que o Heart terá comprometido a sua pretensão, pois não só não terá demonstrado o "valor de mercado" que alegou nem terá provado que teve de substituir o jogador[25].

O problema esteve, pois, na falta de prova por parte do Heart de qualquer "lucrum cessans", que uma oferta real de um clube consubstanciaria.

Em suma, assentemos neste dado, que é central e que não pode, por isso, ser afastado ou perdido de vista: só no contexto de uma "transferência" efectiva, para a qual se exige, como é óbvio, o acordo do jogador, é que é possível determinar o respectivo "custo", "porque só unicamente chegado esse momento é possível conhecer o cruzamento entre oferta e procura que determina o preço."[26]

*

O Acórdão do TAS comporta, a meu ver, graves deficiências argumentativas. Não é a ilustre peça jurídica que alguns querem fazer passar, através de uma leitura ora precipitada ora propositada. A decisão confunde conceito – "custo de transferência" – e consequência – "limitação da livre circulação".

---

[25] Assim, expressamente, JUAN DE DIOS CRESPO PÉREZ, "El Caso Webster: Uso del Artículo 17 do Regulamento Fifa para la Terminación Antecipada del Contrato. Outro Nuevo Bosman?", *cit.*, p. 156.

[26] EMÍLIO GARCIA SILVERO, *La Extinción de la Relación Laboral de los Deportistas Profesionales*, cit., p. 114.

É que a existência de um "custo de transferência" não significa que a liberdade de circulação esteja cerceada, mas antes que o seu exercício está limitado, o que é algo de bem diferente.

Só o "custo de transferência" que se prove cercear, de forma desproporcionada, a liberdade de circulação é que deve ser repudiado. Só esse poderia representar o regresso ao período ante-Bosman.

Nesta matéria, o TAS fez manifestamente uma grande confusão.

Vale a pena, para concluir, atentar nas seguintes palavras de JUAN DE DIOS CRESPO PÉREZ:

> "***Por isso, mesmo sendo o advogado de Webster, devo crer que se existir, em qualquer outro caso, uma oferta por um jogador que, posteriormente, rescinda o seu contrato através do mecanismo do artigo 17 do Regulamento FIFA, essa oferta deve ser tomada em consideração pela FIFA e pelo TAS. Obviamente, não seria um regresso à época anterior à sentença Bosman, mas um parâmetro mais a ter em conta, no momento de fixar a indemnização.***"[27]

5.4. *Custos de contratação*

A meu ver, os custos de contratação são muito relevantes.

Pense-se, a título de intróito, que a lei portuguesa nem sequer os admite. Face ao art.º 27.º da Lei n.º 28/98, de 26 de Junho (LCTD – Lei do Contrato de Trabalho Desportivo), se um clube pagar pela transferência de um praticante desportivo, por exemplo, € 20 milhões, e o contrato tiver a duração de 3 anos, se um jogador o romper ao fim de um ano da respectiva vigência, limitar-se-á a indemnizar o clube pelo valor das retribuições devidas até final do contrato. É evidente que isto não faz sentido[28].

---

[27] JUAN DE DIOS CRESPO PÉREZ, "El Caso Webster: Uso del Artículo 17 do Regulamento Fifa para la Terminación Antecipada del Contrato. Outro Nuevo Bosman?", *cit.*, p. 156. Sublinhado nosso.

[28] ALBINO MENDES BAPTISTA, "Indemnização pela ruptura ilícita do contrato de trabalho, artigo 27.º da Lei do Contrato de Trabalho Desportivo e o Acórdão do Tribunal da Relação do Porto de 22 de Setembro de 2008", *cit.*, pp. 29 e ss.

Devo, aliás, dizer que cada vez me surpreende mais a singularidade das nossas soluções jurídico-laborais desportivas que em certos casos me levam a pensar se foram feitas a pensar na sua aplicação a outra galáxia[29].

Naturalmente que os custos de contratação têm de ter algum retorno para o clube, sendo susceptíveis de amortização.

A dificuldade está em determinar quando é que se deve considerar a amortização concluída.

Tenderia a dizer que o decurso do contrato, bem como os resultados desportivos obtidos, com o concurso do jogador, devem ser computados para efeitos de determinação dessa amortização. Por isso, e ao contrário do que se sustenta na decisão do TAS, parece-me que o relevante para este efeito não é se se está dentro ou fora do período protegido. Vamos até mais longe: não encontramos tão-pouco fundamento jurídico de qualquer natureza para excluir o direito do clube a este tipo de indemnização fora do período protegido.

Do mesmo modo, a meu ver, a renovação do contrato não significa, por si só, a amortização da transferência.

A existência de um anterior contrato cujo decurso tenha decorrido integralmente (e só neste caso), é susceptível, em regra, de significar a amortização integral dos "custos de contratação".

Discorda-se, por isso, da posição assumida pelo TAS, cuja argumentação, é, aliás, claramente insuficiente.

---

29 Um dos exemplos mais expressivos de desadequação é a reintegração do praticante desportivo na equipa como efeito da ilicitude do despedimento. Só quem não sabe minimamente o que é a realidade desportiva é que pode pensar que esta solução tem alguma razoabilidade.

5.5. *A retribuição prevista no novo contrato*

Segundo o art.º 17.º do Regulamento FIFA, **na falta de disposição contratual**, a indemnização por incumprimento é calculada tendo em consideração:

- a legislação nacional
- a especificidade do desporto e
- outros critérios objectivos.

Estes critérios, segundo o mesmo normativo, deverão incluir, em particular, a remuneração e outros benefícios pagos ao jogador nos termos do contrato vigente ou **do novo contrato**.

Pois bem, o TAS não inclui, no cômputo da indemnização fixada, a retribuição do novo contrato. E para quem censura a DRC, por falta de concretização do montante que arbitrou, esta situação não é prestigiante, na medida em que se exclui, sem o explicitar, um critério de cálculo da indemnização fixado num Regulamento que o próprio TAS está a aplicar ao litígio.

5.6. *Inexistência de má fé*

Um aspecto muito relevante, que tem sido ignorado, prende-se com a circunstância do TAS entender que o fim do contrato se deveu à perda de confiança entre as partes, não se tendo apurado a existência de má fé, por parte do clube ou do jogador, uma vez que as negociações se haviam frustrado.

É caso para concluir que se se tivesse provado uma actuação de má fé da parte que rompeu o contrato, a indemnização poderia ter sido mais elevada.

Sublinhe-se, por se julgar relevante, a passagem do acórdão onde se afirma que *in casu* inexistia "fundamento económico, moral ou legal" para a atribuição da indemnização reclamada pelo clube, o que justifica a pergunta: e se houvesse "fundamento económico" e/ou "fundamento moral", a indemnização seria diferente?

Por nós, respondemos afirmativamente.

5.7. *A especificidade do desporto*

Quanto à especificidade do desporto, o acórdão do TAS é de uma enorme pobreza. E passo, desde já, a justificar a afirmação. **Hoje um dos grandes debates no âmbito do Direito Laboral Desportivo** (e até, em geral, do Direito do Desporto) **é integrar o conceito de especificidade do desporto.**

Pois bem, quanto a tal matéria, o tribunal limita-se a dizer que havia que compatibilizar a necessidade de estabilidade contratual no mundo do futebol com a livre circulação dos jogadores. O que é muito pouco.

Mais uma vez o TAS não foi capaz de fazer aquilo que censurou à DRC: substanciar as ideias, apresentar uma fundamentação convincente.

A meu ver, o que o TAS deveria ter feito era analisar a especificidade do desporto. Existe ou não existe? Existindo, em que é que se traduz? Reconhecendo essa especificidade qual é a sua (ir)relevância no apuramento do montante indemnizatório?

Ora, da decisão do TAS nada resulta quanto à utilização dessa especificidade, que parece reconhecer (só se compatibiliza uma realidade com outra, se ambas existirem), na decisão final[30].

Perdeu-se desse modo uma oportunidade para produzir uma decisão que poderia, essa sim, ser histórica.

---

[30] Assim, também, JUAN DE DIOS CRESPO PÉREZ, "El Caso Webster: Uso del Artículo 17 do Regulamento Fifa para la Terminación Antecipada del Contrato. Outro Nuevo Bosman?", *cit.*, p. 157.

Mas atrevo-me a dar várias sugestões para o futuro.

Atribua-se relevância à intervenção negocial dos empresários desportivos para efeitos, nomeadamente, de enquadramento da vontade negocial e da estabilidade contratual.

Pense-se na necessidade de assegurar a estabilidade e o equilíbrio das competições.

Atenda-se, nomeadamente, aos seguintes aspectos[31-32]:

- momento da competição desportiva escolhido para a ruptura contratual
- competição ou competições em que o clube está envolvido
- importância do praticante desportivo na equipa
- lugar ocupado na equipa
- alternativas existentes no grupo do trabalho
- implicações no desempenho do colectivo
- consequências da desvinculação no grupo de trabalho
- afectação da imagem do clube
- frustração de contratos publicitários
- projecção do futuro do praticante desportivo.

Por outro lado, não se ignore a necessidade de respeito pelos adeptos, sem os quais não há espectáculo. Nem verdadeiros "valores desportivos", que cabe a todos os que desempenham funções "jurisdicionais" salvaguardar. Se se fizer este esforço, seguramente entender-se-á melhor o que deve ser a especificidade do desporto.

---

[31] Vd. EMÍLIO GARCIA SILVERO, *La Extinción de la Relación Laboral de los Deportistas Profesionales*, Navarra, 2008, p. 265. Remete-se, também, para ALBINO MENDES BAPTISTA, "Indemnização pela ruptura ilícita do contrato de trabalho, artigo 27.º da Lei do Contrato de Trabalho Desportivo e o Acórdão do Tribunal da Relação do Porto de 22 de Setembro de 2008", *cit.*, p. 47.

[32] JUAN DE DIOS CRESPO PÉREZ, "El Caso Webster: Uso del Artículo 17 do Regulamento Fifa para la Terminación Antecipada del Contrato. Outro Nuevo Bosman?", *cit.*, p. 160.

Finalmente, não se ignore que a decisão do TAS pode ser interpretada como uma espécie de acicate ao incumprimento contratual, que os "empresários desportivos" menos escrupulosos tenderão a transformar na regra das relações entre clubes e jogadores, prejudicando gravemente os clubes de menor dimensão. Pois bem, para quem tem dificuldade nesta matéria, a defesa dos clubes pequenos é uma das expressões da especificidade do desporto.

Insiste-se, por isso, neste aspecto: a especificidade desportiva pode ser um poderoso mecanismo de defesa dos clubes de menor expressão e de ligas mais pobres.

6. Em particular: o "Caso Webster" e as *"cláusulas de rescisão"*

Não vamos desenvolver aqui a temática das "cláusulas de rescisão"[33]. Cuidaremos apenas de entender correctamente o "Acórdão Webster". Ora, este nunca poderá ser compreendido sem aludir às "cláusulas de rescisão".

Resulta claro da decisão do TAS que a indemnização pela ruptura unilateral do contrato e sem justa causa só determinará a aplicação dos critérios definidos no Regulamento FIFA se não existir cláusula contratual, prevista antecipadamente, assuma ou não as vestes de "cláusula de rescisão". Ora, do contrato outorgado entre Webster e o Heart não constava qualquer "cláusula de rescisão", **circunstância que tem sido "esquecida" (vá lá saber-se porquê...), por certos comentadores do acórdão.**

---

[33] Remete-se para António Pinto Monteiro, "Sobre as "cláusulas de rescisão" dos jogadores de futebol", *Revista de Legislação e de Jurisprudência*, ano 135.º, n.º 3934, pp. 5 e ss., texto de leitura obrigatória para os cultores do Direito do Desporto, portugueses e estrangeiros. Trata-se de um texto que, pela sua profundidade e elevada qualidade, bem merece galgar as fronteiras nacionais.

O próprio art.º 17.º do Regulamento FIFA fixa os critérios de determinação da indemnização devida pelo incumprimento do contrato, "**salvo disposição em contrário no contrato**" (expressão textual do Regulamento).

Como se sabe, as "cláusulas de rescisão" são frequentes em países como Espanha, Brasil, Alemanha, Itália, Rússia, Holanda e Portugal. Mas, ao que parece, não são habituais no mundo do futebol[34].

Atente-se na seguinte passagem de JUAN DE DIOS CRESPO PÉREZ:

> "*A cláusula é, a meu ver, a base futura das relações entre clubes e desportistas, porque não só está prevista contratualmente, mas também porque o próprio Regulamento FIFA estabelece essa possibilidade no artigo17.1*"[35].

E o mesmo autor continua:

> "*Creio que a decisão tomada no caso Webster servirá para permitir a globalização do sistema espanhol das cláusulas de rescisão e a sua inclusão contratual no mundo inteiro.*"[36]

*

[34] JUAN DE DIOS CRESPO PÉREZ, "El Caso Webster: Uso del Artículo 17 do Regulamento Fifa para la Terminación Antecipada del Contrato. Outro Nuevo Bosman?", *cit.*, p. 155.

[35] JUAN DE DIOS CRESPO PÉREZ, "El Caso Webster: Uso del Artículo 17 do Regulamento Fifa para la Terminación Antecipada del Contrato. Outro Nuevo Bosman?", *cit.*, pp. 155-156.

[36] JUAN DE DIOS CRESPO PÉREZ, "El Caso Webster: Uso del Artículo 17 do Regulamento Fifa para la Terminación Antecipada del Contrato. Outro Nuevo Bosman?", *cit.*, pp. 158.

Tive a oportunidade de escrever no meu livro *Temas de Direito do Trabalho e de Direito Processual do Trabalho* o seguinte:

> "Aproveita-se para dizer que a generalidade dos contratos de trabalho desportivo são lamentavelmente pobres, limitando-se em muitas situações, como é o caso do futebol, a seguir o modelo de contrato de trabalho inserto no Anexo I do respectivo *Contrato Colectivo de Trabalho*. Digo lamentavelmente pobres, porque a variedade de situações e a complexidade das matérias que estes contratos envolvem exigem disciplina contratual mais ponderada e desenvolvida."[37]

De facto, por razões que não vou aqui desenvolver, os clubes portugueses, em regra, não investem devidamente na assessoria jurídica, sendo geridos ainda, em muitos casos, de maneira pouco profissional, com dirigentes desportivos centrados noutro tipo de preocupações, frequentemente alheias ao desporto.

O "Acórdão Webster", como muitos outros, internos ou internacionais, vem demonstrar que, face aos montantes envolvidos e aos interesses em presença, tem de se fazer uma gestão cuidada, atenta e preventiva dos contratos de trabalho desportivo, criando mecanismos que assegurem a estabilidade contratual. **No caso português importa até defender os clubes nacionais de autênticos saques praticados por grandes clubes estrangeiros.** Não tenho dúvidas de que esta problemática abrange a protecção dos pequenos e médios clubes e das competições de países de menor capacidade económica.

As "cláusulas de rescisão" podem desempenhar um papel relevante como mecanismo para assegurar a estabilidade contratual e a equilíbrio das competições, em particular se pensarmos em pequenos clubes e em campeonatos de menor expressão.

---

[37] Albino Mendes Baptista, *Temas de Direito do Trabalho e de Direito Processual do Trabalho*, cit., p. 218.

JAVIER RODRÍGUEZ TEN entende, no que concordo, que a "cláusula de rescisão" constitui "o instrumento contratual idóneo para regular as resoluções contratuais"[38].

*

A meu ver, não está em causa a validade das "cláusulas de rescisão", mas os seus limites, os termos do respectivo controlo. Tivemos já a oportunidade de separar as "cláusulas de rescisão" das situações de incumprimento contratual[39]. Rejeitamos então a qualificação das "cláusulas de rescisão" como cláusulas penais.

---

[38] JAVIER RODRÍGUEZ TEN, "El "caso Webster": tempestad, tormenta o chirimiri?", *cit.*, p. 451.

[39] Não me parece haver semelhanças entre o "Caso Webster" e o (nosso) "Caso Zé Tó". Temos dois estudos em fase de elaboração. Um justamente sobre este "Caso Zé Tó" e outro sobre o regime jurídico aplicável aos treinadores profissionais. Sobre este regime, já tive a oportunidade de escrever, antes das decisões do STJ sobre a matéria, e por referência ao meu texto "É o regime laboral comum aplicável aos contratos entre clubes e treinadores profissionais?" (*Direito Laboral Desportivo – Estudos*, vol. I, cit., pp. 77 e ss.), textualmente o seguinte: "Nesse artigo procedemos ao levantamento de algumas matérias em que se verifica desadequação do regime laboral comum à natureza da actividade de treinador profissional. Impõe-se, todavia, um estudo mais aprofundado da matéria, aproveitando as potencialidades abertas pela afirmação de ANTÓNIO NUNES DE CARVALHO de que estamos perante uma "lacuna de previsão" (*Estudos sobre o Contrato e Trabalho Desportivo*, cit., pp. 16-17, n. 8). Por rigor "metodológico", este segundo texto não deve ser esquecido.

Relativamente ao "Caso Zé Tó", por agora, chamamos apenas a atenção para a circunstância de aí ter estado em causa uma situação de incumprimento contratual, resolvida à luz de uma certa interpretação do art.º 27.º da LCTD. A nossa lei, ao fixar um "tecto indemnizatório máximo", que tive já a oportunidade de criticar (em "Indemnização pela ruptura ilícita do contrato de trabalho, artigo 27.º da Lei do Contrato de Trabalho Desportivo e o Acórdão do Tribunal da Relação do Porto de 22 de Setembro de 2008", *cit.*, pp. 29 e ss.) nada tem a ver com o art.º 17.º do Regulamento FIFA. Basta ler cada um dos artigos!

Efectivamente uma coisa é a fixação prévia dos danos e prejuízos causados pelo incumprimento do contrato por parte do praticante desportivo, outra é a possibilidade consentida pelo ordenamento jurídico de o jogador se desvincular a troco de um preço contratualmente acordado.

Dissemos também não ser de questionar a utilização da figura do abuso do direito como mecanismo de redução de "cláusulas de rescisão" exorbitantes ou como forma de combater limitações intoleráveis ao princípio da liberdade de trabalho e da livre circulação de trabalhadores.

A nossa posição está agora mais amadurecida.

A meu ver, o mecanismo da redução previsto no art.º 812.º do Código Civil (CC) é aplicável a todas as espécies de penas convencionais, como sustenta ANTÓNIO PINTO MONTEIRO[40-41]. E as suas potencialidades aplicativas são enormes.

Como jurista estou atento a "cláusulas de rescisão" desproporcionadas (e são em grande número e de valores que roçam até o absurdo) e não será com o meu beneplácito que se entrará no domínio do *dogma da vontade*[42] e da afronta ao sistema jurídico.

---

40 ANTÓNIO PINTO MONTEIRO, *Cláusula Penal e Indemnização*, reimpressão (da edição de 1990), Coimbra, 1999, pp. 730 e ss.

41 Para mais desenvolvimentos, remete-se para ALBINO MENDES BAPTISTA, "Breve Apontamento sobre as Cláusulas de Rescisão", Revista do Ministério Público, n.º 91, 2002, pp. 141 e ss., texto republicado em *Direito Laboral Desportivo – Estudos*, vol. I, cit., pp. 25 e ss. Vd., ainda, ALBINO MENDES BAPTISTA, *Estudos sobre o Contrato de Trabalho Desportivo*, cit., p. 29, n. 62.

42 Que, como se sabe, não se confunde com a autonomia privada.

7. Conclusão

A possibilidade de o jogador romper o contrato, sem justa causa, após o período protegido, não é uma novidade trazida pelo "Caso Webster". Essa novidade está prevista, desde 2001, no Regulamento FIFA. Este Regulamento sim constituiu uma "tempestade".

O "Caso Webster" resume-se, assim, à determinação do montante indemnizatório devido pelo jogador ao clube pelo rompimento contratual.

Devo até dizer que, não obstante algumas fragilidades da decisão do TAS, que foram sublinhadas ao longo deste texto, e do exagero que representa a alusão a "novo Bosman" (sombra que pode perturbar a serenidade no momento de julgar...), no essencial a decisão final não me parece, de todo, desacertada. Na verdade, na falta de indemnização contratualmente acordada, o montante reclamado tem de ser provado. Ora, pelos termos do processo, o Heart não logrou fazer a prova dos prejuízos reclamados. E sem prova dos factos concretos justificativos dos danos e do respectivo nexo de causalidade, que incumbe ao clube efectuar, não há prejuízo indemnizável[43]. Neste contexto, o único dado seguro que pode restar para efeitos de arbitrar uma indemnização pode ser as retribuições devidas até final do contrato, o que até se aceita, desde que este montante seja configurado como uma espécie de "presunção de dano". O que, num outro plano, não nos choca na medida em que a existência de um montante indemnizatório previamente determinado a título principal, sob a forma de "presunção de dano", pode ter mesmo alguma vantagem para as partes fazerem alguma avaliação do montante hipotético a pagar pela ruptura contratual.

---

[43] Sobre a relevância da prova e o julgamento da matéria de facto, seja-nos permitido remeter para ALBINO MENDES BAPTISTA, *Temas de Direito do Trabalho e de Direito Processual do Trabalho*, cit., pp. 231 e ss.

Depois, há algo sobre o qual tenho uma ideia bem clara, e do qual, como jurista, também não abdico: as consequências para a ruptura do contrato devem ser similares, independentemente da parte que põe fim ao contrato.

Finalmente, em caso algum aceito a solução da lei portuguesa que consagra um limite indemnizatório máximo, "especificidade pátria", assente numa "solução às avessas"[44], que tive já a oportunidade de criticar [45].

O que parece que vai suceder com esta decisão do TAS, sublinha-se, é a mundialização das "cláusulas de rescisão", a que nada temos a opor, desde que assegurada a possibilidade de redução das que atentem manifestamente contra princípios de adequação e proporcionalidade. Será até uma das vias para assegurar a especificidade do desporto, que impede a recondução das relações laborais desportivas ao contrato de trabalho comum.

Depois, "Webster" é um caso, o que quer dizer que outros casos terão naturalmente outros desfechos bastando para o efeito que os **pressupostos de facto** sejam diversos.

Como escreve JAVIER RODRÍGUEZ TEN:

"*Qualquer variação processual ou fáctica (a legislação e normas escolhidas pelas partes para a resolução do litígio, o custo da contratação, o salário do jogador, a duração e o conteúdo do contrato, a existência ou não de prorrogações, estar (ou não) fora do período protegido, a possível inexistên-*

---

44 ALBINO MENDES BAPTISTA, "Indemnização pela ruptura ilícita do contrato de trabalho, artigo 27.º da Lei do Contrato de Trabalho Desportivo e o Acórdão do Tribunal da Relação do Porto de 22 de Setembro de 2008", *cit.*, p. 52.

45 ALBINO MENDES BAPTISTA, "Indemnização pela ruptura ilícita do contrato de trabalho, artigo 27.º da Lei do Contrato de Trabalho Desportivo e o Acórdão do Tribunal da Relação do Porto de 22 de Setembro de 2008", *cit.*, pp. 29 e ss.

cia de ofertas sólidas pelo jogador antes da resolução, etc.) origina uma situação diferente"[46].

Mais ainda, e a título de síntese final: havendo cláusula contratual aplicável às situações de ruptura contratual, o "Acórdão Webster" nem sequer se aplica. Sob este prisma, estamos perante um simples caso de "chirimiri"[47].

Março de 2009

---

[46] JAVIER RODRÍGUEZ TEN, "El "caso Webster": tempestad, tormenta o chirimiri?", *cit.*, pp. 450-451.

[47] Expressão utilizada por JAVIER RODRÍGUEZ TEN, em "El "caso Webster": tempestad, tormenta o chirimiri?", *cit.*, pp. 445 e ss.

Segundo informa este autor a palavra "chirimiri" é utilizada fundamentalmente no Norte de Espanha e significa uma chuva continuada mas pouco intensa e muito fina, de que muitas vezes não se dá conta (p. 451, n. 8).

JAVIER RODRÍGUEZ TEN termina o seu texto do seguinte modo:

"cremos que nos termos actuais não nos encontramos diante de uma tempestade, senão quando muito perante uma tormenta ou chuvada, se é que na realidade (no que diz respeito aos futebolistas com contrato em Espanha, é o mais provável) não é um simples chirimiri." (p. 451).

Nota sobre o efeito das férias e ausências na contagem do período normal de trabalho em regime de adaptabilidade

HELENA TAPP BARROSO

1. Objecto

A presente *nota* pretende esclarecer de que forma é que os períodos de férias ou as ausências (nomeadamente por doença) dos trabalhadores cujos horários estejam organizados segundo um regime de adaptabilidade podem afectar a contagem de cada período de referência, concretamente considerado. Por outras palavras, pretende saber-se se e de que modo fica afectado o cálculo da média do período normal de trabalho concretamente aplicável quando os trabalhadores gozem férias ou estejam ausentes durante uma parte do período de referência.

A questão é analisada no quadro legal do novo Código do Trabalho, aprovado pela Lei n.º 7/2009, de 12 de Fevereiro de 2009 [que adiante designaremos por CT (2009)], em face do disposto nos n.os 2 e 3 do respectivo artigo 211.º.

2. Adaptabilidade. Considerações gerais

Como é sabido, quer na adaptabilidade individual actualmente prevista no artigo 205.º do CT (2009), quer na adaptabilidade por regulamentação colectiva disciplinada no artigo 204.º do CT (2009), os horários de trabalho podem ser organizados em termos tais que, nalguns dias ou semanas, o período normal de trabalho diário ou semanal dos trabalhadores em regime de adaptabilidade poderá ultrapassar o limite das oito horas por dia e das quarenta horas por semana[1], desde que, em compensação, (por assim dizer) noutros dias ou semanas o período normal de trabalho diário e semanal se situe abaixo desses limites. A adaptabilidade pressupõe horários diferenciados ao longo do intervalo de tempo considerado no cálculo da média do período normal de trabalho.

A redução compensatória dos horários numa parte do período de referência tomado para o cálculo da média terá de ser feita na medida necessária para que a média diária e semanal do tempo de trabalho prestado, no seu conjunto, não ultrapasse os limites máximos concretamente aplicáveis, *maxime* o limite das oito horas diárias e das quarenta horas semanais.

O acréscimo de período normal de trabalho que ocorre na adaptabilidade deverá respeitar:

– os limites diários e semanais fixos do n.º 1 do artigo 204.º do CT (2009), bem como o limite semanal médio do respectivo n.º 2, no caso da adaptabilidade que tenha a sua fonte em instrumento de regulamentação colectiva de trabalho e, bem assim, na adaptabilidade grupal do n.º 1 do artigo 206.º do CT (2009); e

---

[1] Ou outros limites ao período normal de trabalho que possam ser os aplicáveis ao caso, por efeito de regimes especiais ou regulamentação colectiva.

Actualmente o limite das quarenta horas semanais e das oito horas diárias resulta do n.º 1 do artigo 203.º CT (2009).

– os limites diários e semanais fixos do n.º 2 do artigo 205.º, no caso da adaptabilidade definida por acordo individual e na adaptabilidade grupal do n.º 2 do artigo 206.º do CT (2009).

No caso da adaptabilidade individual, a *redução compensatória* tem de respeitar as regras constantes do n.º 3 do artigo 205.º do CT (2009)[2].

---

[2] Estas são as duas modalidades de adaptabilidade que já se encontravam consagradas no Código de Trabalho aprovado pela Lei n.º 99/2003, de 27 de Agosto (e que adiante designaremos por CT (2003)].

A adaptabilidade prevista no artigo 205.º do CT (2009) corresponde ao anteriormente chamado *"regime especial de adaptabilidade"* introduzido pelo artigo 165.º do CT (2003).

No CT (2003) a adaptabilidade decorrente de regulamentação colectiva constava do artigo 164.º. Na linha, embora com diferenças de regime, da adaptabilidade introduzida com as alterações ao Decreto-lei n.º 409/71, de 27 de Setembro (Lei da Duração de Trabalho ou LDT) que resultaram do Decreto-lei n.º 398/91, de 16 de Outubro, concretamente, os n.os 7 e 8 do respectivo artigo 5.º. Sobre as diferenças entre o regime que constava do artigo 5.º, n.os 7 e 8 da LDT e o regime do artigo 164.º que, nestes aspectos se mantém inalterado no actual artigo 204.º do CT (2009), *vd.* Pedro Romano MARTINEZ e outros, *Código do Trabalho Anotado*, 6.ª edição, Almedina, Coimbra, 2008, p. 378, (nota III da anotação de Luís Miguel MONTEIRO ao artigo 164.º).

A propósito da introdução da chamada adaptabilidade grupal pelo artigo 206.º do CT (2009), João Leal AMADO observa que, atendendo à génese da adaptabilidade, este código passou a prever e a disciplinar três modalidades distintas de adaptabilidade: *"a adaptabilidade por via de **regulamentação colectiva** (art. 204.º), a adaptabilidade **individual**, resultante de acordo entre as partes (art. 205.º), e a chamada adaptabilidade **grupal**, que autoriza o empregador, verificados que sejam certos requisitos, a aplicar o regime de adaptabilidade a trabalhadores não abrangidos pelo IRCT previsto no artigo 204.º ou que não aceitem a proposta patronal prevista no art. 205.º (art. 206.º)"* (Autor cit., *Contrato de Trabalho. À luz do Novo Código do Trabalho*, Coimbra Editora, Coimbra, 2009, p. 264).

Face ao critério em que a distinção de baseia – o da génese da adaptabilidade – não discordamos daquela abordagem. De facto, no que toca aos trabalhadores não abrangidos pelo IRCT previsto no artigo 204.º e àqueles que não aceitem a proposta do empregador a que respeita o artigo 205.º (ou relativamente aos quais não se presuma essa aceitação), a aplicação do regime de adaptabilidade (colectiva

Para que o período normal de trabalho semanal possa ser apurado em termos médios, o cálculo terá de abarcar uma pluralidade de semanas contidas num período de tempo mais alargado e pré-determinado. Ou seja, e reportando-nos ao período normal de trabalho semanal, a soma dos períodos normais de trabalho registados em cada semana, terá de ser dividida pelo número total de semanas que integram o intervalo de tempo pré-determinado, assim se apurando qual foi o período normal de trabalho semanal que foi praticado, em média, nessas semanas.

O intervalo de tempo de que falamos é, evidentemente, o chamado *período de referência* que actualmente está regulado no artigo 207.º do CT (2009). No CT (2009), o período de referência regra mantém-se nos quatro meses (artigo 207.º, n.º 1, *in fine*)[3].

---

ou individual, consoante o caso) no quadro das regras e requisitos que resultam dos números 1 a 4 do artigo 206.º do CT (2009), a adaptabilidade grupal tem uma fonte específica que é uma determinação ou acto unilateral do empregador. Segundo nos parece, esta faculdade integrar agora o respectivo poder de direcção.

Apesar disso, é importante não esquecer, no que toca ao regime substantivo da adaptabilidade, que a adaptabilidade grupal não corresponde a uma terceira modalidade de adaptabilidade (enquanto modelo mais flexível de organizar o tempo de trabalho, dotado de um regime próprio) mas antes a um mecanismo que permite ao empregador estender a aplicação de um de dois regimes ou modalidades de adaptabilidade a trabalhadores que de outra forma estariam excluídos do seu âmbito de aplicação. Essas modalidades continuam a corresponder aos dois regimes de adaptabilidade que estavam previstas nos artigos 164.º e 165.º do CT (2003) e que constam actualmente dos artigos 204.º e 205.º do CT (2009).

Nessa perspectiva, preferimos ver a adaptabilidade grupal não tanto como uma terceira modalidade de adaptabilidade mas antes como um mecanismo de alargamento do âmbito de aplicação das duas modalidades que já vinham do quadro legal anterior.

[3] Embora o período de referência possa ser de seis meses ou de até doze meses, nos termos e condições que resultam do disposto no artigo 207.º, n.os 1 e 2 do CT (2009), conforme também já sucedia com os n.os 1., 2 e 3 do artigo 166.º do CT (2003).

Sobre a matéria do período de referência na Directiva 2003/88/CE de 4 de Novembro (e antes disso, na Directiva 93/104/CE do Conselho de 23 de Novembro, modificada pela Directiva 2000/34/CE do Parlamento Europeu e do Conselho, de

Para o cálculo da média, são contabilizadas não só as horas de trabalho normal (distribuídas pelos horários de trabalho diferenciados, próprios da adaptabilidade) mas também as horas de trabalho suplementar prestadas no período de referência, à excepção daquelas que sejam prestadas por motivo de força maior[4].

3. O limite máximo de duração média do trabalho semanal do artigo 211.º, n.º 1 do CT (2009)

O limite das quarenta horas do artigo 203.º do CT (2009) é calculado, em regra, em termos fixos ou absolutos.

Para além do limite das quarenta horas semanais, à semelhança do que já sucedia no quadro legal anterior, a lei estabelece um outro limite, este à duração média do trabalho semanal. Trata-se do limite das quarenta e oito horas que foi introduzido, entre nós, pelo n.º 1 do artigo 3.º da Lei n.º 73/98, de 10 de Novembro que transpôs a Directiva 93/104/CE do Conselho, de 23 de Novembro[5-6].

---

22 de Junho) e sobre a compatibilidade do regime contido no artigo 166.º do CT (2003), com as normas comunitárias *vd.* Catarina de Oliveira CARVALHO, "A regulamentação nacional do tempo de trabalho e o direito comunitário: omissões e incompatibilidades", *Questões Laborais*, ano XIII (2006), n.º 27, págs. 48 a 50. Também sobre a conformidade no que toca à adaptabilidade do regime do CT (2003) com o direito comunitário, pode consultar-se Francisco Liberal FERNANDES "O Regime de adaptabilidade do tempo de trabalho", *A Reforma do Código do Trabalho*, Coimbra Editora, Coimbra, 2004, págs. 330 a 335 e 337 a 339.

[4] Cfr. n.º 1 do artigo 204.º *in fine* e n.º 1 do artigo 205.º igualmente *in fine*, ambos do CT (2009).

[5] O n.º 2 do artigo 6.º da Directiva 93/104/CE estabelecia que a duração média do trabalho em cada período de sete dias não poderia exceder as quarenta e oito horas, incluindo as horas de trabalho suplementar prestado.

[6] A mesma solução passou para o artigo 169.º do CT (2003) e consta actualmente do n.º 1 do artigo 211.º do CT (2009). A propósito do artigo 169.º, n.º 1 do CT (2003) e sobre as diferenças entre este e a regra do n.º 1 do art. 3.º da Lei n.º 73/98, de 10 de Novembro, bem como do texto da Comissão de Análise e

A regra constante do artigo 211.º, n.º 1, como foi referido, que tem a sua fonte no direito comunitário, encontrando-se actualmente consagrada na alínea b) do artigo 6.º da Directiva 2003/88/CE do Parlamento Europeu e do Conselho.

Esta estabelece que:

> *"Os Estados-Membros tomarão as medidas necessárias para que, em função dos imperativos de protecção da segurança e da saúde dos trabalhadores: (...) b) a duração média do trabalho em cada período de sete dias não exceda 48 horas, incluindo as horas extraordinárias, em cada período de sete dias".*
>
> O artigo 211.º, n.º 1 prevê que *"sem prejuízo do disposto nos artigos 203.º a 210.º, a duração média do trabalho semanal, incluindo trabalho suplementar, não pode ser superior a quarenta e oito horas, num período de referência estabelecido em instrumento de regulamentação colectiva de trabalho que não ultrapasse 12 meses ou, na falta deste, num período de referência de quatro meses, ou de seis meses nos casos previstos no n.º 2 do artigo 207.º"*.

O limite das quarenta e oito horas é calculado em termos médios e é aplicável à generalidade dos contratos, sem excluir os casos em que vigore um regime de adaptabilidade. Excepciona-se o caso em que o trabalhador, estando isento de horário de trabalho segundo alguma das modalidades previstas nas alíneas a) ou b) do n.º 1 do artigo 219.º do CT (2009), ocupe cargo de administração ou de direcção ou com poder autónomo[7].

Sistematização da Legislação Laboral criada pelo Despacho n.º 5875/2000 do Ministro do Trabalho e da Solidariedade, *vd.* António Nunes de CARVALHO, "Duração e organização do tempo de trabalho no Código do Trabalho", *VI Congresso Nacional de Direito do Trabalho. Memórias*, Almedina, Coimbra, 2004, pág. 102.

[7] A questão do âmbito de aplicação do artigo 169.º do CT (2003) não mereceu uma resposta unânime da doutrina que abordou a questão. No sentido de que os limites do n.º 1 do artigo 169.º do CT (2003) abrangiam tanto os casos em que

Diferentemente do que sucede no cálculo da média das quarenta horas, o limite médio das quarenta e oito horas inclui todo o trabalho suplementar prestado (cfr. n.º 1 do artigo 211.º)[8]. Este facto explica que a matéria também seja tratada na doutrina a propósito dos limites à prestação de trabalho suplementar, matéria onde o limite médio das quarenta e oito horas realmente apresenta relevância prática já que os limites à prestação de trabalho normal que resultam das normas de direito interno existentes entre nós acabam por ser mais exigentes do que este limite de origem comunitária.

4. O efeito de férias e ausências no cálculo do limite fixado pelo n.º 1 do artigo 211.º do CT (2009)

Os n.os 2 e 3 do artigo 211.º do CT (2009) versam, expressamente, sobre a questão do tratamento a dar a determinadas situações de

---

houvesse adaptabilidade como os casos em que isso não sucedesse, *vd.* entre outros, António Nunes de CARVALHO, "Duração e organização do tempo de trabalho no Código do Trabalho" cit., pág. 108, Catarina de Oliveira CARVALHO, "A regulamentação nacional do tempo de trabalho e o direito comunitário: omissões e incompatibilidades" cit., pág. 50. O mesmo entendimento parece estar subjacente em Maria do Rosário Palma RAMALHO, *Direito do Trabalho. Parte II – Situações Laborais Individuais*, Almedina, Coimbra, pág. 454. Nas primeiras edições de MARTINEZ, Pedro Romano e outros, *Código do Trabalho. Anotado*, pode encontrar-se uma posição que delimitava o âmbito de aplicação do 169.º aos casos em que houvesse adaptabilidade (*v.g.* 1ª edição, pág. 291 – anotação II).

Francisco Liberal FERNANDES equacionou a hipótese de se tratar de um terceiro regime de adaptabilidade, embora sem tomar posição, em "O regime de adaptabilidade do tempo de trabalho" cit., pág.338.

[8] *O limite das cento e cinquenta a cento e setenta e cinco horas por ano (...) e de duas horas por dia (...) não será tido em conta sempre que o trabalho suplementar seja prestado em situações de força maior, como seja para prevenir ou reparar prejuízos graves na empresa (...), caso em que o limite será fixado pelo valor das quarenta e oito horas semanais (art. 169.º, n.º 1, do CT)".* Pedro Romano Martinez, *Direito do Trabalho*, 4ª edição, Almedina, Coimbra, 2007, pág. 553.

ausência para efeitos do cálculo do limite médio das quarenta e oito horas previsto no n.º 1 desse artigo.

Aqueles n.ºs prevêem assim que:

"2 – No cálculo da média referida no número anterior, os dias de férias são subtraídos ao período de referência em que são gozados";

"3 – Os dias de ausência por doença, bem como os dias de licença parental inicial ou complementar, e de licença para assistência a filho com deficiência ou doença crónica são considerados com base no correspondente período normal de trabalho".

No CT (2003), a mesma solução constava do artigo 169.º, n.ºs 2 e 3, embora com pequenas diferenças de redacção decorrentes das alterações registadas ao nível da tutela da parentalidade.

Qualquer destas normas resulta da transposição para o direito português das soluções comunitárias que, actualmente, constam do parágrafo final da alínea b) do artigo 16.º da Directiva 2003/88/CE mas que já antes disso resultavam do disposto no artigo 16.º, n.º 2, parágrafo final da Directiva 93/103/CE.

Depois de ter conferido aos Estados-Membros a possibilidade de preverem um período de referência de quatro meses para efeitos de aplicação do limite das quarenta e oito horas médias do trabalho prestado em cada semana (incluindo trabalho suplementar), o parágrafo final da alínea b) do artigo 16.º da Directiva 2003/88/CE estabelece que:

"(...) Os períodos de férias anuais remuneradas (...) e os períodos de ausência por doença não serão tomados em consideração ou serão considerados neutros para o cálculo da média". A segunda parte do n.º 2 do artigo 16.º da Directiva 103/93/CE previa exactamente a mesma solução.

É nesse sentido que as regras constantes do n.º 2 e 3 (do artigo 169.º do CT (2009) são referidas pela doutrina como *"regras de "neutralização"* (...) [que] *visam impedir distorções no cálculo da duração média do trabalho, provocadas por dias em que não se verifica prestação de trabalho"*[9].

No caso das férias, o legislador nacional optou pela solução da "desconsideração", no sentido que consta do parágrafo final da alínea b) do artigo 16.º da Directiva 2003/88/CE na parte em que estabelece, em alternativa à neutralização, que os períodos de ausência de trabalho em causa, *"não serão tomados em consideração (...) para o cálculo da média"*.

A fórmula escolhida pela nossa lei para expressar essa desconsideração foi a de afirmar que os dias de férias *"são subtraídos ao período de referência em que são gozados"* [cfr. n.º 2 do artigo 211.º do CT (2009)].

Sem prejuízo de outras interpretações possíveis, parece-nos que o que se pretendeu nestes casos foi que durante o período de férias de cada trabalhador, a contagem do período de quatro meses[10] que constitui o período de referência para apuramento do limite médio das quarenta e oito horas ficasse suspensa, retomando-se a contagem do período de referência em curso, no momento em que as férias terminassem.

Ou seja, de alguma forma poderia dizer-se que havendo férias, o período de referência que compreendesse essas férias seria como que alargado, na medida dos dias de férias gozados, e estes dias de férias seriam subtraídos da contagem daquele período de referência.

A necessidade de *alargamento* (acompanhada da subtracção ou suspensão da contagem durante o gozo de férias) resulta da necessidade de evitar que a desconsideração pretendida redunde, afinal, numa redução do período de referência. De facto, a mera subtrac-

---

[9] MARTINEZ, Pedro Romano e outros, *Código do Trabalho. Anotado* cit., 6ª edição, p. 387 (nota IV, anotação de Luís Miguel MONTEIRO).

[10] Ou outro período de referência concretamente aplicável face às regras estabelecidas na segunda parte do n.º 1 do artigo 211.º do CT (2009).

ção dos dias em que o trabalhador gozou férias resultaria numa limitação do período de referência ao resto do período de quatro meses de calendário ou de quatro meses corridos em que não tivesse havido gozo de férias. Se fosse assim, em vez de desconsiderar ou neutralizar as ausências do cálculo da média estaríamos antes a reduzir o período de referência para cálculo da média.

A redacção do n.º 2 do artigo 3.º da Lei n.º 73/98 incluía um elemento de natureza interpretativa que apontava para o escopo da previsão normativa ao estabelecer que *"tendo em vista a sua neutralização no cálculo da média referida no número anterior, os dias de férias são subtraídos ao período de referência em que são gozados (...)"*.

Para além do caso das férias, o artigo 211.º também trata das ausências por doença e dos dias de licença parental, inicial ou complementar, e de licença especial do pai ou da mãe para assistência a deficientes e a doentes crónicos.

No caso das ausências por doença e das demais ausências mencionadas no n.º 3 do artigo 211.º o legislador nacional enveredou pelo caminho da *neutralização* segundo a alternativa constante do parágrafo final da alínea b) do artigo 16.º da Directiva 2003/88/CE que prevê que os períodos de ausência poderão ser *"considerados neutros para o cálculo da média"*.

Quanto à fórmula escolhida pelo legislador para consagrar a solução, o n.º 3 do artigo 211.º do CT (2009) estabeleceu que "os dias de ausência [nele mencionados] (...) *são considerados com base no correspondente período normal de trabalho"*. O elemento interpretativo que constava da parte inicial do n.º 2 do artigo 3.º da Lei n.º 73/98 era igualmente aplicável ao caso destas ausências (*tendo em vista a sua neutralização no cálculo da média referida no número anterior, os dias de férias são subtraídos ao período de referência em que são gozados e os dias de ausência por doença, bem como os dias de licença por maternidade e paternidade e de licença especial do pai ou da mãe para assistência a deficientes e a doentes crónicos, são considerados com base no correspondente período normal de trabalho"* – sublinhado nosso).

Em nosso entender, a expressão *"correspondente período normal de trabalho"* refere-se ao período normal de trabalho diferenciado cuja prestação seja concretamente devida nos dias e semanas de ausência, como tal devidamente reflectido no horário de trabalho em vigor e aplicável nesses dias. Ou seja, o período normal de trabalho a considerar para os períodos de ausência por doença e demais períodos de ausência indicados no n.º 3 do artigo 211.º, será aquele que resultar das horas normais de trabalho diário e semanal que o trabalhador estava obrigado a prestar nesses dias e que teria prestado se não tivesse ocorrido o impedimento ou dispensa de prestação de trabalho por situação de doença ou *"licença parental, inicial ou complementar (...) licença para assistência a filho com deficiência ou doença crónica"*.

É nesse sentido que intrepretamos a expressão *"correspondente período normal de trabalho"*. Este será o *período normal de trabalho correspondente* ao período em que, de facto, ocorreu a ausência para o caso concreto daquele trabalhador (ou seja, olhando para o horário que lhe era aplicável no momento da ausência).

Nestes termos, discordamos do entendimento segundo o qual os dias de ausência deveriam ser considerados com base no período normal de trabalho diário que seria praticado se não houvesse adaptabilidade[11].

---

[11] É a solução que foi defendida por Augusto Ferreira da Silva a propósito da adaptabilidade ao afirmar que *"durante o período de referência se o trabalhador tiver ausências por doença (...) tais dias são considerados com base no correspondente dia normal de trabalho. Ou seja, não serão considerados com base no horário praticado nesse dia mas com base no horário normal praticado se não houvesse regime de adaptabilidade"*. Autor cit. "A organização e duração do tempo de trabalho", *A Reforma do Código do Trabalho* cit. pág. 327.

Veja-se, a propósito, Grupo de Trabalho GTCOD, *Código do Trabalho e regulamentação. Fichas Interpretativas*, Inspecção-Geral de Trabalho, Outubro de

Trata-se de uma interpretação que assenta na ficção de um período normal de trabalho diário para interpretar uma norma que, salvo melhor opinião, pressupõe ou reporta-se uma realidade concreta: a do período normal de trabalho do dia ou semana em que as ausências, efectivamente, ocorreram.

Trata-se, para além disso, de uma interpretação que não conduz a que estes períodos de ausência sejam *"considerados neutros"*, como resulta da Directiva 2003/88/CE e já resultava da Directiva 103/93/CE.

As razões que nos levam a concluir pela interpretação proposta são assim, desde logo, a letra da lei. Concretamente, a parte da norma que manda considerar os dias de ausência por doença *"com base no (...) período normal de trabalho" "correspondente"* a esses mesmos dias, segundo nos parece, em concreto.

Ou seja, parece-nos que o que resulta da letra da lei é que em caso de ausência por doença, apesar do trabalhador não ter prestado qualquer trabalho, no cálculo da média do trabalho prestado no período de referência que resulta da parte final do n.º 1 do artigo 211.º deverá estar contabilizado o número de horas de trabalho que o trabalhador ausente estava obrigado a prestar nesse dia (sendo esse o *"correspondente período normal de trabalho"*).

Para além disso, a interpretação que fazemos está em linha com o escopo de *neutralização* que deve ser atribuído à norma de direito interno, à luz da regra comunitária que está na sua origem[12].

2004 (última actualização em Dezembro de 2005), disponível em http://www.igt.gov.pt/DownLoads/content/Fichas_interpretativasJO.pdf), *Ficha VI.13 – Regime especial de adaptabilidade. Situações de impedimento prolongado, licença por maternidade e licença sem retribuição*, págs. 74 a 76.

[12] Ainda que a referência expressa ao objectivo de *neutralização* que constava do n.º 1 do artigo 3.º da Lei n.º 73/98 não tenha passado nem para a redacção do n.º 3 do artigo 169.º do CT (2003), nem para o n.º 3 do artigo 211.º do CT (2009).

Entendemos, em qualquer caso, que a reforma introduzida pelo CT (2009) podia ter sido uma oportunidade para consagrar entre nós uma redacção mais clara sobre a matéria.

Para além de se referirem aos períodos de gozo de férias, as Directivas só mencionam as ausências por motivo de doença. No entanto, o legislador nacional também contemplou, de forma expressa, os períodos de ausência por "*licença parental, inicial ou complementar e de licença para assistência a filho com deficiência ou doença crónica*"(artigo 211.º n.º 3)[13], sendo razoável perguntar se o âmbito de aplicação desta regra pode ser objecto de aplicação analógica a outros casos de ausência ou licença.

5. Aplicação das regras para neutralização das férias e ausências no cálculo do período normal de trabalho médio em regime de adaptabilidade

No caso dos horários organizados com recurso a um dos regimes de adaptabilidade, não existem normas expressas equivalentes às que estão consagradas nos n.os 2 e 3 do artigo 211.º. Recorde-se que estas têm como âmbito directo de aplicação o cálculo da média das quarenta e oito horas referida no respectivo n.º 1[14].

Não há, assim uma norma sobre esta matéria que esteja directamente reportada ao cálculo da média do período normal de trabalho a que aludem o n.º 1 do artigo 204.º e o n.º 1 do artigo 205.º do CT (2009)[15].

---

13 O mesmo sucedia no n.º 3 do artigo 169.º do CT (2003) e no n.º 2 do artigo 3.º da Lei n.º 73/98 de 10 de Novembro.

14 Cfr. a parte inicial da redacção do n.º 2 do artigo 211.º do CT (2009).

15 Aliás, a circunstância de a adaptabilidade e a norma correspondente ao actual 211.º estarem contempladas, no direito anterior ao CT (2003), em diplomas legais diferentes também aponta no referido sentido.

Parece-nos, no entanto, razoável aceitar que os n.os 2 e 3 do artigo 211.º estabelecem regras susceptíveis de aplicação - senão por via de interpretação extensiva, pelo menos por via da analogia – no cálculo do limite médio regra das quarenta horas semanais em casos de adaptabilidade e na organização de horários no âmbito desse regime.

Como referido, inclinamo-nos para considerar que não é um caso de aplicação directa. O n.º 2 do artigo 211.º do CT (2009) estabelece a regra da desconsideração do período de férias para *"(...) cálculo da média referida no número anterior (...)"* (sublinhado nosso). Igual conclusão resulta, quanto a nós, da localização sistemática do n.º 3 do mesmo artigo, bem como da origem e sistematização das normas equivalentes no quadro legal anterior ao CT (2003)[16-17].

6. Interpretação das normas de neutralização de férias e ausências no cálculo do período normal de trabalho na adaptabilidade

6.1. *Os dias de férias*

Aplicado ao caso dos horários organizados segundo um regime de adaptabilidade para efeitos do cálculo da média das quarenta

[16] No sentido da aplicabilidade destas regras ao cálculo do período normal de trabalho médio para efeitos de adaptabilidade, Francisco Liberal FERNANDES, "O Regime de adaptabilidade do tempo de trabalho" cit., pág. 339.

[17] Em "*Ficha VI.13 – Regime especial de adaptabilidade. Situações de impedimento prolongado, licença por maternidade e licença sem retribuição*" cit., a aplicabilidade destas regras ao regime especial de adaptabilidade introduzido pelo artigo 165.º do CT (2003) é afirmada. Parece estar subjacente à interpretação proposta o entendimento de que estaríamos perante um caso de aplicabilidade directa. Apesar de, neste ponto, não divergirmos no fundamental, desta solução, resulta do que já se disse acima que consideramos incorrecta a interpretação manifestada na indicada ficha interpretativa já citada sobre o sentido da regra do n.º 3 do artigo 169.º [actual n.º 3 do artigo 211.º do CT (2009)].

horas semanais[18], acompanhamos a ideia de que o n.° 2 *"tem como finalidade obstar a que o gozo das férias coincida ou seja absorvido pelos eventuais períodos de descanso compensatório decorrentes da aplicação do regime da adaptabilidade"*[19].

Ao concordar com a afirmação de que o gozo de férias não poderá coincidir e não poderá ser *"absorvido pelos eventuais períodos de descanso compensatório decorrentes da (...) adaptabilidade"* aquilo que entendemos é que o empregador deverá assegurar o gozo efectivo dos tais *"eventuais períodos de descanso compensatório"*. Estes, tanto podem traduzir-se em períodos de prestação de menos horas de trabalho diário como, havendo acordo, *"(...) em dias ou meios dias, sem prejuízo do subsídio de refeição"*[20]. Ou seja, o que se quer dizer é que o empregador não pode considerar cumpridos os períodos de menor trabalho que se destinem a compensar, no período de referência, outros períodos de maior trabalho quando nesses períodos o trabalhador esteja em situação de gozo de férias, ainda que marcadas por acordo. Os descansos compensatórios terão de ser "gozados" ou trabalhados, enquanto tempo de prestação de menor trabalho. Se houver gozo de férias nos dias em que o menor trabalho deveria ser prestado, o gozo do descanso compensatório ou a prestação do trabalho em menor medida deverá ocorrer podendo isso seceder, por exemplo, imediatamente após o gozo das férias[21].

---

[18] Embora reportado ao quadro legal anterior à entrada em vigor do CT (2003).

[19] Francisco Liberal FERNANDES "Algumas notas sobre a Lei n.° 73/98, de 10-11", *Questões Laborais*, Ano VI (1999), n.° 13, pág. 118.

[20] Artigo 205.°, n.° 3 do CT (2009) e antes disso, artigo 165.°, n.° 4 do artigo 165.° do CT (2003).

[21] Esta leitura parece-nos ser corroborada pelo entendimento que Francisco Liberal FERNANDES expressou em "O Regime de adaptabilidade do tempo de trabalho", *A Reforma do Código do Trabalho* cit., pág. 338, ao apresentar o seguinte exemplo:

> *admitindo, por exemplo, que, num período de referência de 17 semanas (4 meses), aquela subtracção significa que se o tempo normal de trabalho for*

Por outras palavras, ou o trabalhador não goza férias no período de referência de quatro meses (e, portanto, a questão não se põe) ou se os gozar, então, aos dias que integrarem o período de referência de quatro meses e em que não tenha havido gozo de férias, terá de se adicionar um número de dias de trabalho igual aos dias de férias gozados.

A média será então calculada mediante a soma do trabalho prestado nesses dias, adicionados ao trabalho prestado nos outros dias de trabalho que ocorreram durante o período de referência, dividindo-se o resultado da soma por quatro meses.

Face à fórmula legal (*"no cálculo da média (...) os dias de férias são subtraídos ao período de referência em que são gozados"*) o mesmo acontecerá mesmo que os dias de férias coincidam com dias de maior prestação de trabalho resultantes dos horários diferenciados que caracterizam a adaptabilidade.

Em qualquer dos casos, parece-nos que uma simples subtracção dos dias de férias ao período de referência significaria uma redução da sua duração para a qual não se vê fundamento especial, prejudicando o efeito *neutralizador* que se pretende atingir com a regra da *desconsideração.*

Não ignoramos que sempre que o gozo de férias pelos trabalhadores de uma mesma empresa, secção, equipa ou estrutura equivalente ocorra em momentos diferentes, como tantas vezes sucede, se o funcionamento da equipa ou estrutura tiver como pressuposto que todos os trabalhadores prestem o mesmo número de horas de trabalho em cada dia ou semana de calendário em concreto, a aplicação

---

prestado na sua totalidade em 16 semanas, os restantes dias do período de referência (cinco dias úteis) não poderão coincidir com as férias, devendo ser considerados tempo de descanso compensatório e, portanto, gozados nessa qualidade. Ou então, caso goze férias durante esse período, o trabalhador conserva o direito a um período de cinco dias de descanso compensatório ou suplementar a gozar posteriormente".

prática daquelas regras fica prejudicada ou, pelo menos, muito dificultada.

6.2. *Os dias de ausência por doença e licenças mencionadas no n.º 3 do artigo 211.º*

Conforme resulta do que já foi dito acima, entendemos que a expressão "*o correspondente período normal de trabalho*" usada n.º 3 do artigo 211.º do CT (2009) não pode ser entendida como reportando-se ao limite máximo do período normal de trabalho decorrente da lei, ou seja, às quarenta horas semanais e as oito horas diárias.

Aplicado à realidade da adaptabilidade, parece-nos que o "*correspondente período normal de trabalho*" não deverá ser outro senão o período normal de trabalho concretizado no horário de trabalho de cada trabalhador para o período de calendário concretamente *correspondente* ao dia ou dias durante o qual as ausências ocorreram.

Conforme resulta do afirmado *supra*, parece-nos que só com a interpretação que defendemos se conseguirá que estes períodos de ausência sejam "*considerados neutros*" em termos conformes com a Directiva.

Um entendimento que pretenda ver na expressão uma alusão à duração máxima dos tempos de trabalho normal diários ou semanais que resulta da lei (as quarenta horas semanais e as oito horas diárias) não conduz a um efeito de neutralização, antes introduz um efeito de "distorção".

Assim, se um trabalhador em regime de adaptabilidade estava obrigado a prestar cinquenta horas semanais e trinta horas semanais de trabalho em períodos mensais sucessivos – períodos esses devidamente reflectidos nos horários diferenciados fixados para cada um dos meses em questão – a circunstância de ter cumprido um primeiro mês de cinquenta horas semanais e de ter faltado num segundo mês em que teria de prestar trinta horas semanais, não obriga o empregador a reduzir o período normal de trabalho que deve ser prestado pelo mesmo trabalhador no terceiro mês, nem a proceder a qualquer ajustamento nos horários que haviam sido fixados para o terceiro ou quarto meses do período de referência. Regressado ao trabalho no terceiro mês, o trabalhador deverá cumprir o horário correspondente ao período normal de trabalho de cinquenta horas previsto para esse período e se o regresso se der só no quarto mês, o horário a cumprir será o previamente fixado para esse mês sendo o número de horas semanais a prestar nesse mês de trinta.

No final deste período de referência, em situações como as do exemplo *supra*, deve ter-se por respeitada a média das quarenta horas, na medida em que o mês de ausência por doença (no caso de ser o segundo mês do período de referência) deve ser computado com base no período normal de trabalho semanal de trinta horas que deve ser entendido como o *correspondente período normal de trabalho* para os efeitos do n.º 3 do artigo 211.º CT (2009).

De igual forma, se o mês de ausência por doença tiver sido o quarto mês, no final do mesmo período de referência a média é de quarenta horas, na medida em que embora o trabalhador não tenha prestado trabalho no terceiro mês, por motivo de doença, no período de referência e no cálculo da média esse mês deve ser computado com base no período normal de trabalho semanal de cinquenta horas (o *correspondente período normal de trabalho* para os efeitos do n.º 3 do artigo 211.º)[22].

---

[22] Como é evidente, o mecanismo de alteração unilateral de horários também não poderá ser usado de forma instrumental pelo empregador para corrigir, em seu favor, situações de ausência que ocorram em períodos em que fosse maior o número de horas de trabalho a prestar.

7. Possibilidade de regular convencionalmente o efeito das férias das ausências no cálculo do período normal de trabalho médio em regime de adaptabilidade

Ainda que em moldes meramente preliminares, quase em jeito de hipótese de estudo, não queremos deixar de aludir, muito brevemente à questão da possibilidade de regular convencionalmente o efeito das férias das ausências no cálculo do período normal de trabalho médio em regime de adaptabilidade. A resposta poderá não ser a mesma na adaptabilidade resultante de instrumento de regulamentação colectiva de trabalho e na adaptabilidade por acordo individual, quer haja ou não recurso ao mecanismo de presunção de aceitação do n.º 4 do artigo 205.º do CT (2009).

Ainda que com reservas, parece-nos que uma das consequências que se pode extrair da circunstância da lei não regular expressamente a questão para o cálculo da média das quarenta horas na adaptabilidade (como se fez, para o cálculo da média das quarenta e oito horas fixada pelo n.º 1 do artigo 211.º) é a admissibilidade de as partes o fazerem[23]. Essa previsão, em regra surgirá no instrumento que estiver na génese da adaptabilidade[24]. No caso da adaptabilidade a que se reportam os artigos 204.º do CT (2009) esse instrumento será o instrumento de regulamentação colectiva que tiver determinado que o período normal de trabalho pode ser definido em termos médios e no caso da modalidade de adaptabilidade prevista no artigo 205.º, serão os acordos individuais a que o mesmo artigo se reporta. A matéria também poderá surgir em instrumento ou acordo subsequente que proceda à alteração de outro anteriormente firmado. A mesma regulamentação será aplicável, num e no outro caso, à

---

[23] Ou a entidade administrativa, como será o caso se estiver em causa uma uma portaria de condições de trabalho, enquanto instrumento de regulamentação colectiva não negocial que é.

[24] Essa previsão e regulamentação até pode ser aconselhável, para evitar ou suprir eventuais dúvidas de interpretação.

adaptabilidade grupal, respectivamente, dos n.os 1 e 2 do artigo 206.º do CT (2009)[25].

Admitimos, assim que haverá essa liberdade de estipulação. Parece-nos que ela existirá quer ao nível da regulamentação colectiva – no caso da adaptabilidade do artigo 204.º – quer ao nível do acordo que instituir a adaptabilidade individual – no caso da modalidade prevista no artigo 205.º.

Nesta matéria, aquela liberdade estará limitada pelo conteúdo não disponível dos regimes legais da adaptabilidade. O conteúdo da estipulação também não poderá, evidentemente, permitir defraudar qualquer regra imperativa daqueles regimes ou dos limites legalmente impostos ao tempo de trabalho prestado, mormente, em matéria de protecção da saúde e segurança dos trabalhadores.

A regulamentação convencional poderá, evidentemente, ser feita em conformidade com os princípios que resultam da Directiva 2003/ /88/CE e poderá ser recomendável (dada a opção que Portugal seguiu no direito interno) adoptar uma solução de:

- desconsideração para o cálculo da média, no caso das ausências por férias (e, eventualmente outras ausências para cuja ocorrência intervenha a vontade de uma ou de ambas as partes); e de
- neutralização para o cálculo da média, no caso dos períodos de licença associados à protecção da família, ausências por doença e outras ausências por impossibilidade de prestação por motivos não imputáveis às partes.

Trata-se, no entanto, de uma questão que terá de merecer, como se disse, uma análise mais aprofundada.

---

[25] Em sentido que pressupõe que essa regulamentação será admissível, pelo menos no caso da adaptabilidade resultante de instrumento de regulamentação colectiva, pode ver-se a *Ficha VI.13*, cit. que reconhece que a interpretação aí propugnada para o n.º 3 do artigo 169.º do CT (2003) é, pelo menos nalguns casos, geradora de disfunções e refere-se à circunstância de "*alguns IRCT* [preverem] (...) *a forma de acautelar estas disfunções*".

O cômputo da participação social no regime das sociedades coligadas *

Participação directa e participação indirecta

MARTA ABECASIS PINTO DA SILVA

SUMÁRIO: INTRODUÇÃO 1. Colocação do problema. 2. Delimitação do objecto de estudo. 3. Conceitos de participação directa e participação indirecta. 4. Indicação de sequência. CAPÍTULO I - A PARTICIPAÇÃO DIRECTA 5. Percentagem do capital social ou percentagem dos direitos de voto? 6. Casos de discrepância entre a percentagem do capital social e a percentagem dos direitos de voto. 7. Em particular, o problema das participações próprias. 8. *A)* Relações de simples participação e de participações recíprocas. 9. *B)* Relação de domínio. 10. *C)* Relação de domínio total. 11. *D)* Conclusão. CAPÍTULO II - A PARTICIPAÇÃO INDIRECTA 12. A necessidade da previsão de formas indirectas de participação 13. A participação indirecta dos artigos 447.° e 448.°. 14. A participação indirecta através de sociedade dependente da sociedade participante. 15. A participação indirecta através de sociedade que esteja em relação de grupo com a sociedade participante. 16. A participação indirecta através de pessoa que seja titular de acções por conta da sociedade

---

* Este trabalho corresponde, no essencial, e com as devidas actualizações, ao Relatório apresentado no âmbito do Curso de Mestrado da Faculdade de Direito da Universidade de Lisboa, na área de Ciências Jurídicas do ano lectivo de 2005/2006 para a disciplina de Direito Comercial II (Grupos de Sociedades), da regência dos Professores Doutores António Menezes Cordeiro e Manuel A. Carneiro da Frada.

participante. 17. *(Cont.) A* interposição de pessoa. 18. *A)* O mandato sem representação e a comissão. 19. *B)* Acordos de voto? 20. *C)* Negócio fiduciário. 21. *D)* Contrato a favor de terceiro. 22. *E)* Outros vínculos jurídicos. 23. A participação indirecta. Conclusões. CAPÍTULO III - CÔMPUTO DA PARTICIPAÇÃO E EFEITOS DO CÚMULO DA PARTICIPAÇÃO DIRECTA COM A PARTICIPAÇÃO INDIRECTA 24. O cômputo da participação. Casos duvidosos. 25. Multiplicação dos destinatários dos efeitos jurídicos da coligação de sociedades. BIBLIOGRAFIA.

INTRODUÇÃO

1. Colocação do problema

No ordenamento jurídico português, o princípio vigente quanto à participação no capital de sociedades comerciais é o da admissibilidade de participação por qualquer sujeito de direito, incluindo o próprio Estado, nas sociedades, como natural manifestação da autonomia privada[1], princípio reflectido no artigo 11.º, n.os 4 e 5, do Código das Sociedades Comerciais[2]. É por ser admitida a participação de sociedades no capital de outras sociedades que o mesmo Código vem, nos artigos 481.º e seguintes, regular[3] as várias espécies de relações[4] de

[1] Cfr. JORGE HENRIQUE DA CRUZ PINTO FURTADO, *Curso de Direito das Sociedades*, 4.ª Edição, Almedina, Coimbra, 2001, p. 186.

[2] Os artigos indicados sem a referência do diploma legal a que pertencem são do Código das Sociedades Comerciais, aprovado pelo Decreto-Lei n.º 262/86, de 2 de Setembro, na redacção que lhe foi dada pelo Decreto-Lei n.º 76-A/2006, de 29 de Março.

[3] Fundamentando a necessidade desta regulação, cfr. JORGE MANUEL COUTINHO DE ABREU, *Da Empresarialidade. As Empresas no Direito*, Almedina, Coimbra, 1996, pp. 272 e seguintes.

[4] Se é certo que a lei se refere, de modo especialmente acentuado quando regula as sociedades coligadas, à participação social enquanto *relação* (entre sócio e sociedade), também é certo que a mesma pode ser vista como objecto unitário de direito, designadamente, de direitos reais, razão pela qual a transmissão da parti-

participação entre sociedades por quotas, sociedades anónimas e sociedades em comandita por acções, relações a que, juntamente com as relações contratuais de grupo, dá o nome de *coligação de sociedades*. A lei distingue quatro espécies de relações de participação: a relação de simples participação, a relação de participações recíprocas, a relação de domínio e a relação de domínio total (inicial ou subsequente)[5], estatuindo para cada uma diferentes consequências jurídicas.

A legislação portuguesa sobre coligação de sociedades, em particular a relativa aos grupos societários[6], fortemente inspirada na alemã, visa fundamentalmente a defesa contra os diversos abusos possíveis no seio das sociedades comerciais, acautelando os interesses dos sócios minoritários das sociedades dominadas e dos credores destas[7]. Parte da doutrina, a partir de meados dos anos 70, vem ainda destacando a necessidade de o direito dos grupos se preocupar também com a protecção dos interesses dos sócios minoritários das

---

cipação não se traduz numa cessão da posição contratual, ou de créditos e de dívidas, antes consistindo na transmissão da propriedade de um bem. De outras perspectivas, pode ainda a participação ser tida como uma pluralidade atomística de direitos e obrigações, como posição jurídica do sócio na sociedade, como *status* complexo de sócio e como direito subjectivo. Cfr., para mais desenvolvimentos, PEDRO PAIS DE VASCONCELOS, *A Participação Social nas Sociedades Comerciais*, Almedina, Coimbra, 2005 pp. 414-415.

[5] A relação de domínio total é, ao lado das relações de grupo paritário e de subordinação, uma das modalidades da relação de grupo que, como se vê, pode ser constituída através da participação por uma sociedade no capital de outra sociedade, ou através da celebração de um contrato.

[6] Cfr. JORGE MANUEL COUTINHO DE ABREU, *op. cit.*, p. 250.

[7] É que também os credores podem ser prejudicados, na medida em que o sócio maioritário e a administração da sociedade deixem de prosseguir o interesse desta para prosseguirem o interesse da sociedade dominante. Neste sentido, cfr. FRIEDRICH KÜBLER, *Derecho de Sociedades*, 5.ª Edición revisada y ampliada (traducción: Michèle Klein), Fundación Cultural del Notariado, Madrid, 2001, p. 580.

sociedades dominantes, uma vez que também estes podem ser prejudicados, designadamente, pela atribuição às sociedades filhas de sectores de actividade exercidos pelas sociedades mães ou pelo aumento de capital das sociedades filhas.

Ora, ao analisar o regime das sociedades coligadas previsto nos artigos 481.º e seguintes, facilmente se percebe que o pressuposto da sua aplicação é, na grande maioria dos casos, a participação social de sociedades no capital de outras sociedades, atribuindo a lei consequências aos casos em que essas participações atinjam ou ultrapassem determinados limiares do capital da sociedade participada.

E o que poderia parecer o aspecto mais simples da aplicação do regime das sociedades coligadas – a determinação ou a contagem das participações de sociedades no capital umas das outras – acaba por se revelar um dos aspectos mais complexos, como teremos oportunidade de constatar nas páginas que se seguem. Tal complexidade salta à vista quando lemos o artigo 483.º, n.º 2, que estabelece que "*À titularidade de quotas ou acções por uma sociedade equipara-se, para efeito do montante referido no número anterior, a titularidade de quotas ou acções por uma outra sociedade que dela seja dependente, directa ou indirectamente, ou com ela esteja em relação de grupo, e de acções de que uma pessoa seja titular por conta de qualquer dessas sociedades.*".

Esta norma, que tenta definir um conceito de participação indirecta, encerra na sua previsão um vasto conjunto de casos. Mais concretamente, aplica-se a sete tipos de casos diferentes.

Ao lado das participações indirectas temos naturalmente as participações directas cujo conceito, ao contrário do que se poderia esperar, também não é totalmente isento de dificuldades.

É porque a participação de sociedades no capital de outras sociedades, directa ou indirectamente, constitui a previsão de muitas das normas do regime das sociedades coligadas estabelecido pelo Código das Sociedades Comerciais que podemos afirmar ser o conceito de participação social um ponto fulcral e cuja clarificação é indispensável à aplicação do regime das sociedades coligadas.

Concretizando, e passando em revista o mencionado regime legal, deparamo-nos com as seguintes normas cuja previsão assenta na participação social: o artigo 483.º, n.º 1, que define a relação de simples participação por recurso à participação de 10% no capital de outra sociedade; o artigo 485.º, n.º 1, segundo o qual duas sociedades se encontram em relação de participações recíprocas a partir do momento em que detenham 10% do capital uma da outra; o artigo 486.º, n.º 2, alínea a), que estabelece a presunção de que uma sociedade domina outra quando detém uma participação maioritária no capital desta última; e os artigos 488.º e 489.º, que definem a relação de domínio total como sendo a relação que se estabelece entre duas sociedades quando uma é titular da totalidade do capital social da outra.

O conceito de participação social é, ainda, elemento central da previsão normativa de determinadas figuras instrumentais ou coadjuvantes destas relações de coligação, como seja a prevista no artigo 490.º, n.º 1, que atribui o direito à aquisição tendente ao domínio total à sociedade que detenha, pelo menos, 90% do capital de outra sociedade do Código das Sociedades Comerciais[8].

São de notar, ainda, as diversas disposições que estabelecem a proibição de aquisição de participações sociais, como consequência da verificação de algumas das referidas relações de coligação. Vejam-se os artigos 485.º, n.º 2, e 487.º, n.º 1[9].

---

[8] Cfr. José A. Engrácia Antunes, *Autoparticipações e Cômputo das Participações Intersocietárias*, separata de *Estudos em Homenagem ao Prof. Doutor Raúl Ventura*, Edição da Faculdade de Direito da Universidade de Lisboa, Coimbra Editora, Lisboa, 2003, p. 276, nota 3.

[9] Note-se que a lei, neste domínio da aquisição de participações, não teve a mesma preocupação de mencionar expressamente os casos de aquisição indirecta, para os abranger nas proibições que estabeleceu.

É, assim, por se tratar de um conceito que, qual diagonal fulgurante[10], perpassa todo o regime das sociedades coligadas e por nos suscitar algumas perplexidades, que nos propomos, neste trabalho, definir com alguma precisão aquilo que é relevante para o cômputo da participação de sociedades noutras sociedades, para efeitos de aplicação do regime das sociedades coligadas, uma vez que a participação societária é, por excelência, o instrumento jurídico da simples coligação entre sociedades e, no que toca às relações de grupo, o instrumento de domínio sem dúvida mais utilizado.

2. Delimitação do objecto de estudo

O conceito de participação social é, antes do mais, relevante por exprimir a posição de sócio de uma sociedade, com todos os direitos e deveres que dessa posição advêm para o participante, relativamente à sociedade participada. Este é, porventura, o centro do direito das sociedades comerciais. E se para a condição de sócio não é essencial determinar exactamente o montante da participação desse sócio no capital da sociedade, este cômputo já é relevante para o exercício de diversos direitos do sócio, definindo até a amplitude e força desses direitos. Assim, o cômputo da participação social é essencial para a determinação do poder de voto do sócio, sendo, em regra, a amplitude deste directamente proporcional do montante da participação social a que é inerente o direito de voto.

Mas, tendo embora como centro o conceito de participação social, mais concretamente, a forma de determinação do respectivo montante, este trabalho não incide, pelo menos principalmente, sobre aquelas dimensões da participação social. Centramo-nos no regime

---

[10] Na expressão de JOSÉ A. ENGRÁCIA ANTUNES, *Autoparticipações e Cômputo das Participações Intersocietárias*, *cit.* p. 276.

das sociedades coligadas, o que nos leva a restringir este estudo à participação de sociedades comerciais em sociedades comerciais, excluindo, portanto, os sócios pessoas singulares, sendo que o conceito de participação social de que aqui trataremos é o previsto nas diversas normas do regime das sociedades coligadas e, portanto, dirigido aos efeitos previstos nesse regime. Por isso mesmo, olharemos a participação social na perspectiva do seu cômputo, por ser este o traço de que depende a aplicação das normas relativas às sociedades coligadas.

Outros pontos do Código das Sociedades Comerciais existem em que assume particular relevo o cômputo de participação social. É o caso, por exemplo, das participações previstas nos artigos 447.º e 448.º, em que surge um conceito de participação indirecta algo diferente do que consta do artigo 483.º, n.º 2. A diferença reside, desde logo, no facto de os artigos 447.º e 448.º tratarem de participações detidas quer por pessoas singulares, quer por pessoas colectivas, o que dá sentido, por exemplo, às referências ao cônjuge e descendentes dos sócios.

Assim, trata o 447.º das participações que os titulares de órgãos de administração e de fiscalização detenham na sociedade anónima de cujos órgãos são membros ou em sociedades que com esta estejam em relação de domínio ou de grupo. A estas participações o legislador atribui relevo pelo simples facto de existirem, independentemente do seu montante, impondo uma obrigação de comunicação à sociedade participada. As normas dos n.ºs 2 e 3 do artigo 447.º alargam as participações sujeitas a comunicação àquelas que são da titularidade indirecta das pessoas visadas. Estabelece-se, assim, um conceito de participação indirecta[11].

---

[11] Que, na opinião de ANTÓNIO MENEZES CORDEIRO, *Manual de Direito Bancário*, 2.ª Edição, Almedina, Coimbra, 2004, p. 775, deve ser tido como que um *minimum* quanto à definição do que sejam participações indirectas.

O artigo 448.º estabelece também uma obrigação de comunicação a que está sujeito o accionista que detenha um décimo, um terço ou metade do capital social, em acções ao portador não registadas. Essa obrigação existe quer a participação social seja directa, quer seja indirecta, sendo esta definida por remissão para o artigo 447.º, n.º 2.

Apesar de recorrerem a conceitos de participação indirecta, não serão estes preceitos tratados neste trabalho, cingindo-se este à análise do conceito de participações indirectas estabelecido a propósito e para os efeitos do regime das sociedades coligadas, sem prejuízo de referências que de passagem lhes serão feitas por interesse na comparação, até porque o âmbito de aplicação do artigo 448.º se intersecta com o âmbito de aplicação das normas relativas às relações de simples participação, quando o accionista obrigado à comunicação é uma sociedade, pelo que interessará averiguar da harmonia dos dois preceitos.

Do nosso trabalho ficará ainda excluída a análise dos conceitos de participação intersocietária em outros ramos do direito, como o Direito Bancário, o Direito dos Valores Mobiliários, o Direito Fiscal ou o Direito Dos Seguros.

Não deixaremos, no entanto, de fazer algumas breves referências comparativas às normas que naqueles ramos do direito são paralelas à do artigo 483.º, n.º 2, isto é, às normas que definem um conceito de participação indirecta ou de exercício indirecto do direito de voto. Assim, será interessante fazer uma breve referência ao artigo 20.º do Código dos Valores Mobiliários, ao artigo 13.º do Regime das Instituições de Crédito e das Sociedades Financeiras[12], ao artigo 3.º, do

---

[12] Sobre os critérios qualitativos em função dos quais se determinam, neste preceito, as participações qualificadas, veja-se JOSÉ ANTÓNIO VELOSO, *Concurso de posições de domínio e outros problemas de inibição de direitos de voto por violação de deveres de revelar participações qualificadas*, in *Revista da Banca*, n.º 47, Janeiro-Junho 1999, pp. 59-61, apontando os motivos que terão levado à imprecisão do texto daquele artigo 13.º.

Decreto-Lei n.º 94-B/98, de 17 de Abril, relativo à actividade seguradora[13], e ao artigo 63.º, do Código do IRC. Cada norma, inserida num diferente contexto e manifestando as suas preocupações específicas define de forma diferente a relação de coligação entre sociedades, para os efeitos próprios de cada regime.

3. Conceitos de participação directa e participação indirecta

Designa-se por participação directa numa sociedade comercial a titularidade formal e pessoal de partes do capital dessa sociedade[14]. Temos, assim, uma participação directa quando uma sociedade participa no capital social de outra por via da titularidade jurídico-formal, própria, de partes daquele capital.

A par da participação directa temos a participação indirecta, que consiste na detenção de uma participação social por uma sociedade, não directamente, mas através de outras sociedades ou pessoas. Desde que demonstrado um determinado vínculo entre essas outras sociedades ou pessoas que são titulares formais da participação social e a sociedade em causa, a titularidade directa por aquelas sociedades ou pessoas é equiparada à titularidade por esta sociedade. Esta titularidade será, assim, uma titularidade indirecta. Dito de outro modo, a participação será indirecta se é formalmente detida por uma pessoa distinta da interessada na participação, mas que está vinculada a esta por alguma das relações previstas no artigo 483.º, n.º 2.

Existindo na literatura jurídica alguma flutuação na arrumação sistemática da participação detida por interposta pessoa singular, ou

---

[13] Sobre as participações qualificadas em companhias de seguros, veja-se José António Veloso, *Conceitos e Problemas na Fiscalização de Participações Qualificadas*, *in Revista da Ordem dos Advogados*, Ano 61, I, Lisboa, Janeiro de 2001, pp. 225-278.

[14] *Idem*, *Ibidem*, p. 228.

física, autores afirmam[15] que cabe ainda no conceito de participação directa a detenção de uma participação por interposta pessoa singular, sustentando que a figura da participação indirecta foi introduzida para regular as situações de detenção através do domínio de pessoa colectiva e reservando à expressão *participação indirecta* a imputação de posições accionistas conseguidas através de mecanismos de domínio societário. A interposição de pessoa física seria, assim, uma modalidade de participação directa[16]. Da nossa parte, não vemos como possa a situação ser entendida como um caso de participação directa, quando não haja uma relação de representação. A interposição de pessoa singular é, a nosso ver, uma das vias pelas quais pode existir uma participação indirecta.

Raúl Ventura[17], ainda na vigência do Decreto-Lei n.º 49 381, de 15 de Novembro de 1969, salientava já a relevância do domínio indirecto ou mediato (situação que não era prevista no artigo 39.º daquele Decreto-Lei), em que uma sociedade, tendo ou não acções da dominada, tivesse acções de outra sociedade que participasse na dominada, de modo que, ou juntando as acções de ambas ou só por intermédio das acções da segunda, viesse a influir na dominada.

O uso do conceito de participação indirecta assenta, pois, numa doutrina de imputação de posições jurídicas a quem não é o seu titular formal. Tornou-se necessária uma figura de imputação, pela qual se imputa a uma pessoa colectiva uma posição accionista formalmente detida por outra pessoa. Esta imputação, quando o titular

---

15 *Ibidem*, p. 228.

16 Neste sentido, Alberto Lupoi, *Interposta persona: tipologie del controllo indirecto. Il caso del trust, in Contratto e impresa. Dialoghi con la giurisprudenza civile e commerciale* (dir. da Francesco Galgano), Padova, Diciottesimo Anno, n.3 (Settembre-Dicembre 2002), pp. 1171-1196.

17 Cfr. Raúl Ventura, *Participações Dominantes: Alguns Aspectos do Domínio de Sociedades por Sociedades, in Revista da Ordem dos Advogados*, Ano 39, Lisboa, 1979, p. 15.

formal seja uma pessoa colectiva, constitui um caso particular de desconsideração da personalidade colectiva (*piercing the corporate veil*), não aqui para imputar responsabilidades patrimoniais, quebrando a separação de patrimónios de garantia, mas para imputação de posições subjectivas activas, por exemplo direitos sociais, com abstracção da separação formal das personalidades jurídicas. O fundamento desta imputação está no *domínio* que o imputado exerce sobre a pessoa colectiva titular formal da posição em causa, o que leva a considerar a titularidade por esta última como económica e eticamente equivalente à titularidade por aquele, para alguns efeitos jurídicos[18].

Podemos, concluindo, afirmar que o legislador quis, e bem, consagrar no âmbito da coligação de sociedades comerciais, um conceito material de titularidade, não se bastando com a mera titularidade jurídico-formal, à qual equiparou a titularidade fáctico-material de participações sociais[19].

4. Indicação de sequência

O nosso trabalho divide-se em três capítulos. Num primeiro capítulo trataremos do conceito aparentemente simples de participação directa, tendo como centro da nossa análise, sobretudo, os casos de discrepância entre a percentagem do capital social a que corresponde uma participação social e a percentagem dos direitos de voto que lhe são inerentes. Procuraremos responder à questão de saber

[18] Cfr. JOSÉ ANTÓNIO VELOSO, *Conceitos e Problemas na Fiscalização de Participações Qualificadas*, *in Revista da Ordem dos Advogados*, *cit.*, p. 229.

[19] Cfr. JOSÉ A. ENGRÁCIA ANTUNES, *Os Grupos de Sociedades. Estrutura e Organização Jurídica da Empresa Plurissocietária*, 2.ª Edição Revista e Actualizada, Almedina, Coimbra, 2002, pp. 318-319.

se essa discrepância deve de algum modo influir no cômputo da participação social, encontrando um critério que nos pareça válido.

Num segundo capítulo, abordaremos o conceito de participação indirecta, cuja complexidade resulta desde logo da leitura da norma contida no artigo 483.º, n.º 2. Percorreremos os casos previstos nessa norma como consubstanciando situações de participação indirecta, procurando traçar alguns dos casos possíveis de titularidade de participações sociais por conta de outrem.

Finalmente, no terceiro e último capítulo, tentaremos esclarecer as questões relativas ao cômputo, propriamente dito, das participações sociais, sejam directas, sejam indirectas. Daremos nota de alguns casos duvidosos e terminaremos com a análise das consequências práticas da equiparação legal entre a participação directa e a participação indirecta, sobretudo no que toca à duplicação ou até multiplicação dos efeitos das participações sociais pelos vários sujeitos da cadeia de sociedades que eventualmente se constitua numa relação de participações indirectas.

Procuraremos, nalguns pontos, confrontar as soluções estabelecidas pelo Código das Sociedades com as soluções encontradas por outros ramos do Direito – designadamente, o Bancário e o dos Valores Mobiliários – para os casos análogos, não sendo essa, contudo, a nossa principal preocupação, num trabalho que se centra no regime das sociedades coligadas estabelecido pelo Código das Sociedades Comerciais.

Capítulo I
A Participação Directa

5. Percentagem do capital social ou percentagem dos direitos de voto?

Feita, em traços largos, a distinção entre participação social directa e participação social indirecta, a partir da qual se antevê a complexidade do conceito de participação indirecta e a relativa simplicidade e precisão do conceito de participação directa, não quisemos, todavia, passar ao tratamento da ideia de participação indirecta sem antes precisarmos alguns pontos em torno do tipo mais simples de participação, justificando-se assim o presente capítulo.

A análise do regime das sociedades coligadas revela que as participações sociais, ao atingirem determinados montantes, aparecem, pelo menos em alguns casos, como elemento (exclusivo ou não) ou, simplesmente, como indício de sitações como as de influência dominante e domínio total.

O problema que aqui se coloca é o da falta de coincidência entre a percentagem do capital social a que corresponde uma determinada participação social e a percentagem dos direitos de voto que lhe são inerentes, sobretudo se atentarmos no facto de ser através do exercício do direito de voto que, em muitos casos, há-de ser exercido o domínio. Ora, a questão que neste ponto pode ser colocada é a de saber qual das duas percentagens deve ser tida em conta no preenchimento das previsões normativas dos artigos 483.º e seguintes – se a da participação no capital social, se a dos direitos de voto que lhe são inerentes – quando uma e outra não sejam iguais.

Cabe neste ponto referir que a tendência do legislador, em domínios como os do Direito Bancário, do Direito dos Valores

Mobiliários, do Direito dos Seguros ou do Direito Fiscal[20], tem sido a de, nas respectivas previsões normativas, deslocar o centro de gra-

[20] Veja-se o que dispõe o artigo 63.º do Código do IRC:

"*1 – Existindo um grupo de sociedades, a sociedade dominante pode optar pela aplicação do regime especial de determinação da matéria colectável em relação a todas as sociedades do grupo.*

2 – Existe um grupo de sociedades quando uma sociedade, dita dominante, detém, directa ou indirectamente, pelo menos 90% do capital de outra ou outras sociedades ditas dominadas, desde que tal participação lhe confira mais de 50% dos direitos de voto. [...].".

No domínio da actividade seguradora, estabelece o artigo 3.º do Decreto-Lei n.º 94-B/98, de 17 de Abril, o seguinte:

"*Para efeitos do presente diploma, considera-se ainda:*

1) Relação de controlo ou de domínio a relação que se dá entre uma pessoa singular ou colectiva e uma sociedade quando:

a) Se verifique alguma das seguintes situações:

i) Deter a pessoa singular ou colectiva em causa a maioria dos direitos de voto;

ii) Ser sócio da sociedade e ter o direito de designar ou de destituir mais de metade dos membros do órgão de administração ou do órgão de fiscalização;

iii) Poder exercer influência dominante sobre a sociedade, por força de contrato ou de cláusula dos estatutos desta;

iv) Ser sócio da sociedade e controlar por si só, em virtude de acordo concluído com outros sócios desta, a maioria dos direitos de voto;

v) Deter uma participação não inferior a 20% no capital da sociedade, desde que exerça efectivamente sobre esta uma influência dominante ou se encontrem ambas colocadas sob direcção única;

b) Se considere, para efeitos da aplicação das subalíneas i), ii) e iv) da alínea anterior, que:

i) Aos direitos de voto, de designação ou de destituição do participante equiparam-se os direitos de qualquer outra sociedade dependente do dominante ou que com este se encontre numa relação de grupo, bem como os de qualquer pessoa que actue em nome próprio mas por conta do dominante ou de qualquer outra das referidas sociedades;

[...]

2) Participação qualificada a participação directa ou indirecta que represente percentagem não inferior a 10% do capital ou dos direitos de voto da instituição participada ou que, por qualquer outro motivo, possibilite influência significativa na gestão, considerando-se como equiparados aos direitos de voto do participante, para efeitos da presente definição:

vidade da titularidade de participações sociais, em si mesmas consideradas, para a titularidade dos direitos de voto, tendo naturalmente em conta que a participação social não é, as mais das vezes, instrumento

---

a) Os detidos por pessoas ou sociedades referidas no n.º 2 do artigo 447.º do Código das Sociedades Comerciais;

b) Os detidos por outras pessoas ou entidades, em nome próprio ou alheio, mas por conta do participante;

c) Os detidos por sociedades dominadas pelo participante;

d) Os detidos por sociedades que se encontrem em relação de grupo com a sociedade participante;

e) Os detidos por terceiro com a qual o participante tenha celebrado acordo que obrigue a adoptar, através do exercício concertado dos respectivos direitos de voto, uma política comum em relação à gestão da sociedade em causa;

f) Os detidos por terceiro, por força de acordo celebrado com o participante ou com uma das sociedades referidas nas alíneas c) e d) do presente número e no qual se preveja a transferência provisória desses direitos de voto;

g) Os inerentes a acções do participante entregues em garantia, excepto quando o credor detiver esses direitos e declarar a intenção de os exercer, caso em que serão considerados como próprios do credor;

h) Os inerentes a acções de que o participante detenha o usufruto;

i) Os que, por força de acordo, o participante ou uma das outras pessoas ou entidades referidas nas alíneas anteriores tenham o direito de adquirir por sua exclusiva iniciativa;

j) Os inerentes a acções depositadas junto do participante e que este possa exercer como entender na ausência de instruções específicas dos respectivos detentores;

3) Empresa-mãe a empresa relativamente à qual se verifique qualquer das seguintes situações:

a) Ter a maioria dos direitos de voto dos accionistas ou sócios de uma empresa;

b) Ter o direito de designar ou de destituir a maioria dos membros do órgão de administração, de direcção ou de fiscalização de uma outra empresa, sendo simultaneamente accionista desta empresa;

c) Ter o direito de exercer influência dominante sobre uma empresa da qual é accionista ou sócia, por força de um contrato concluído com esta ou de uma cláusula dos estatutos desta, sempre que a lei à qual a empresa filial está sujeita permite que ela se submeta a tais contratos ou cláusulas estatutárias;

d) Ser accionista ou sócia de uma empresa cuja maioria dos membros do órgão de administração, de direcção ou de fiscalização desta (empresa filial), em funções durante o exercício em curso, bem como no exercício anterior e até à

de influência ou de controlo societário em si mesma, sendo-o antes e apenas através dos direitos de voto que lhe são inerentes.

Essa tendência não deve, pelo simples facto de se verificar, levar o intérprete a sustentar um entendimento do conceito de participação social para efeitos de aplicação do regime das sociedades coligadas semelhante aos estabelecidos nesses domínios. Se é certo que a interpretação das normas deve ter em conta, como manda o artigo 9.º do Código Civil, a unidade do sistema jurídico, é preciso não esquecer que as normas estabelecidas nos artigos 483.º e seguintes, que atribuem determinadas consequências à detenção por sociedades de certos montantes do capital de outras sociedades, se integram, em primeiro lugar, no regime das sociedades coligadas e no Código das Sociedades Comerciais, devendo ser lidas à luz do pensamento legislativo que presidiu à sua criação e sempre com a necessária correspondência com a letra da lei.

Assim, não é pelo facto de o artigo 13.º, n.º 7.º[21], do Regime Geral das Instituições de Crédito e Sociedades Financeiras estabele-

---

elaboração das contas consolidadas, foram exclusivamente nomeados para efeitos do exercício dos seus direitos de voto;

e) Ser accionista ou sócia de uma empresa em que controla por si só, na sequência de um acordo concluído com outros accionistas ou sócios desta (empresa filial), a maioria dos direitos de voto dos accionistas ou sócios desta;

[...].".

[21] *"Participação qualificada: a participação, directa ou indirecta, isolada ou conjunta, que por qualquer motivo possibilite ao seu detentor, por si mesmo ou em virtude de especiais relações existentes com os direitos de voto de outro participante, exercer influência significativa na gestão da entidade participada. Para os efeitos da presente definição, presume-se haver influência significativa na gestão sempre que o participante detenha pelo menos 5% do capital ou dos direitos de voto da entidade participada. O Banco de Portugal só pode considerar ilidida esta presunção, tendo nomeadamente em conta os elementos apresentados pelo interessado, se a participação for inferior a 10%.*

Em qualquer caso, considerar-se-ão equiparados aos direitos de voto do participante:

a) Os detidos por pessoas ou sociedades referidas no n.º 2 do artigo 447.º do Código das Sociedades Comerciais;

cer um conceito de participação qualificada que se centra no direito de voto, mais do que na percentagem do capital social, que devemos ler a essa luz as normas que estabelecem participações relevantes no Título VI do Código das Sociedades Comerciais.

Como também não devemos trazer, sem mais, para o Direito das Sociedades Comerciais os critérios que presidem a normas como a contida no artigo 20.º[22] do Código dos Valores Mobiliários que igual-

---

b) Os detidos por outras pessoas ou entidades, em nome próprio ou alheio, mas por conta do participante;

c) Os detidos por sociedades dominadas pelo participante;

d) Os detidos por sociedades que se encontrem em relação de grupo com a sociedade participante;

e) Os detidos por terceiro com a qual o participante tenha celebrado acordo que obrigue a adoptar, através do exercício concertado dos respectivos direitos de voto, uma política comum em relação à gestão da sociedade em causa;

f) Os detidos por terceiro, por força de acordo celebrado com o participante ou com uma das sociedades referidas nas alíneas c) e d) e no qual se preveja transferência provisória desses direitos de voto;

g) Os inerentes a acções do participante entregues em garantia, excepto quando o credor detiver esses direitos e declarar a intenção de os exercer, caso em que serão considerados como próprios do credor;

h) Os inerentes a acções de que o participante detenha o usufruto;

i) Os que, por força de acordo, o participante ou uma das outras pessoas ou entidades referidas nas alíneas anteriores tenham o direito de adquirir por sua exclusiva iniciativa;

j) Os inerentes a acções depositadas junto do participante e que este possa exercer como entender na ausência de instruções específicas dos respectivos detentores."

[22] Estabelece o seguinte o artigo 20.º do Código dos Valores Mobiliários, cuja epígrafe é "Imputação de direitos de voto":

"1. No cômputo das participações qualificadas consideram-se, além dos inerentes às acções de que o participante tenha a titularidade ou o usufruto, os direitos de voto:

a) Detidos por terceiros em nome próprio, mas por conta do participante;

b) Detidos por sociedade que com o participante se encontre em relação de domínio ou de grupo;

c) Detidos por titulares do direito de voto com os quais o participante tenha celebrado acordo para o seu exercício, salvo se, pelo mesmo acordo, estiver vinculado a seguir instruções de terceiro;

mente incide mais sobre o direito de voto do que na percentagem do capital social no cômputo das participações qualificadas.

A unidade e harmonia do sistema deve ser buscada, mas não sem a necessária filtragem que deve ser feita em razão das diferentes motivações e preocupações de cada ramo do direito.

A questão a resolver é, pois, a de saber se se justifica e se pode ser feita uma interpretação das normas que no Título VI do Código das Sociedades Comerciais prevêem participações relevantes no sentido de substituir a percentagem do capital social pela percentagem dos direitos de voto quando uma e outra não coincidam.

6. Casos de discrepância entre a percentagem do capital social e a percentagem dos direitos de voto

O problema colocado só existe, como dissemos, nos casos de discrepância entre a percentagem do capital a que corresponde a participação social e a percentagem dos respectivos direitos de voto. Claro está que a regra é a da coincidência destas duas percentagens,

---

d) Detidos, se o participante for uma sociedade, pelos membros dos seus órgãos de administração e de fiscalização;

e) Que o participante possa adquirir em virtude de acordo celebrado com os respectivos titulares;

f) Inerentes a acções detidas em garantia pelo participante ou por este administradas ou depositadas junto dele, se os direitos de voto lhe tiverem sido atribuídos;

g) Detidos por titulares do direito de voto que tenham conferido ao participante poderes discricionários para o seu exercício;

h) Detidos por pessoas que tenham celebrado algum acordo com o participante que vise adquirir o domínio da sociedade ou frustrar a alteração de domínio ou que, de outro modo, constitua um instrumento de exercício concertado de influência sobre a sociedade participada;

i) Imputáveis a qualquer das pessoas referidas numa das alíneas anteriores por aplicação, com as devidas adaptações, de critério constante de alguma das outras alíneas.

como resulta do disposto nos artigos 250.º, n.º 1, para as sociedades por quotas, e 384.º, n.º 1, para as sociedades anónimas e sociedades em comandita por acções, por via do disposto no artigo 478.º. Mas não são poucos os casos em que a titularidade de determinada percentagem no capital de uma sociedade não traz consigo a mesma percentagem dos direitos de voto[23].

Essa diferença pode decorrer directamente da lei: é o caso da participação social dada em penhor, em que tenha ficado convencionado que o direito de voto seja exercido pelo credor pignoratício[24], ficando o titular da participação sem o correspondente direito de voto; é o caso da existência de acções ou quotas próprias da sociedade participada, cujos direitos inerentes ficam suspensos, por força dos artigos 324.º, n.º 1, e 220.º, n.º 4[25], regime que se estende às acções equiparadas a acções próprias pelos artigos 325.º-A e 325.º-B[26]; é o caso das participações adquiridas acima do limite de 10% na hipótese prevista no artigo 485.º, n.º 3, para as participações recípro-

---

[23] Cfr. as excepções à regra apontadas por FRIEDRICH KÜBLER, *op. cit.*, pp. 337-339, por referência à *AktienGesetz* alemã, mas com utilidade para o nosso direito, pela semelhança.

[24] Artigo 23.º, n.º 4.

[25] Solução que resulta parcialmente do disposto no artigo 22.º, n.º 1, da Segunda Directiva do Conselho (77/91/CEE), de 13 de Dezembro de 1976, alterada pela Directiva 92/101/CEE do Conselho, de 23 de Novembro de 1992, que estabelece, na sua alínea a), que "*Dos direitos inerentes às acções, o direito de voto das acções próprias ficará, em qualquer caso, suspenso.*", tendo, no entanto, o legislador português ido mais longe, uma vez que não se bastou com a suspensão do direito de voto, o que é mais coerente com a ideia que subjaz à suspensão dos direitos inerentes à participação própria, que é a da impossibilidade de a sociedade ser accionista de si mesma. Cfr., neste sentido, RAÚL VENTURA, *Estudos Vários Sobre Sociedades Anónimas. Comentário ao Código das Sociedades Comerciais*, Livraria Almedina, Coimbra, 1992, p. 390.

[26] Estabelece o n.º 4 do artigo 325.º-B que ficam suspensos os direitos inerentes às acções do capital de uma sociedade detidas por uma sociedade dela dependente.

cas, cujo direito de voto não poderá ser exercido[27]; como também é o caso dos impedimentos legais de voto.

A falta de correspondência entre a percentagem do capital social detida por um sócio e a percentagem dos direitos de voto desse mesmo sócio pode também resultar dos estatutos: é o que ocorrerá quando for estipulado um direito especial no contrato de sociedade, pelo qual seja atribuído, por exemplo, dois votos a cada cêntimo de uma quota em vez de apenas um voto por cêntimo[28]; é o caso das acções preferenciais sem voto, previstas nos artigos 341.º e seguintes, cuja emissão seja autorizada pelos estatutos[29]; como é também o caso da norma estatutária de bloqueio que estabeleça que não serão contados os votos de determinado accionista acima de certo número, como é permitido pelo artigo 384.º, n.º 2, alínea b).

Não obstante todos estes casos que acabamos de apontar, a lei refere-se sempre e apenas a *participação social*, excepto no artigo 486.º, n.º 2, em que estabelece como presunção de domínio, a par da detenção da maioria do capital, a detenção de mais de metade dos votos[30].

---

[27] Cfr., sobre as dúvidas que este regime levanta, CARLOS OSÓRIO DE CASTRO, *Sociedades anónimas em relação de participações recíprocas: alguns aspectos do regime legal*, *in Revista de Direito e Estudos Sociais*, XXXI, 1989, pp. 109-141.

[28] Cfr. artigos 24.º e 250.º, n.º 2.

[29] Cfr. CARLOS OSÓRIO DE CASTRO, *Acções preferenciais sem voto*, *in Problemas do Direito das Sociedades*, AAVV, Almedina, Coimbra, 2002, pp. 281--320. A figura é utilizada pelos accionistas como instrumento de aumento de capital com estabilidade de poder. De facto, quando os accionistas pretendem captar recursos com a natureza de capitais próprios mas não estão dispostos a abrir mão do controlo, promovem a emissão de acções que, justamente, não conferem direito de voto e, portanto, não fazem perigar a estrutura de poder da sociedade, atraindo os investidores pelos privilégios patrimoniais associados a essas acções. Este é um desvio ao princípio que faz corresponder um voto a cada acção.

[30] Já, por exemplo, o código civil italiano, no artigo 2359, ao definir sociedade controlada e sociedade coligada, não refere a percentagem detida no capital social isoladamente, mas apenas enquanto capaz de atribuir certa percentagem dos direitos de voto.

Se foram vários os casos apontados, há um caso que pode distinguir-se dos outros, que é o das acções ou quotas próprias. Esta situação difere das restantes na medida em que não provoca um desequilíbrio, ou uma desproporção, em termos relativos, entre os vários sócios. Diversamente, se, por exemplo, um de três sócios for titular de acções preferenciais sem voto, os outros dois sócios detêm, em conjunto, 100% dos votos. Verifica-se neste caso um desvio dos direitos de voto de um sócio para os outros. E este desequilíbrio acontece, genericamente, nos outros casos, pois que a diminuição dos direitos de voto inerentes a uma participação social corresponde ao (inversamente) proporcional aumento dos direitos de voto inerentes às outras participações. Esta desproporção relativa só não ocorre no caso das acções ou quotas próprias. Neste caso, há uma parte do capital social que não tem inerente o direito de voto e que não pertence a nenhum sócio. Assim, o direito de voto de todos os sócios acresce, na proporção da sua participação social e de modo igual em termos relativos.

Seria, pois, concebível que na determinação da percentagem da participação de cada sócio se deduzisse ao capital social a ter em conta a parte correspondente às acções ou quotas próprias da sociedade. E a doutrina levanta a questão.

7. Em particular, o problema das participações próprias

Assim, a questão que se coloca é a seguinte: se a determinação do montante de uma participação social se faz pelo confronto entre dois termos – o valor nominal da participação e o valor nominal do capital social[31] –, o capital social nominal a ter em conta é o capital

[31] Cfr. José A. Engrácia Antunes, *Os Grupos de Sociedades. Estrutura e Organização Jurídica da Empresa Plurissocietária, cit.*, p. 337.

nominal na sua totalidade, ou o capital nominal deduzido das participações próprias da sociedade[32]?

É que, sendo suspensos os direitos inerentes a essas acções ou quotas[33], a diferença entre as duas soluções é que muitas vezes uma participação de certa percentagem não revela todo o direito de voto que lhe está associado: este será, sempre que a sociedade detenha uma participação, de percentagem superior. Assim, uma sociedade que detenha uma participação de 9% do capital pode ter 11% dos direitos de voto. A questão é a de saber se a lei quis e quer trazer estes casos para o regime que estabeleceu, o que, no exemplo dado, se traduziria em considerar aquela sociedade participante em relação de simples participação com a sociedade participada.

Ora, se é verdade que a letra da lei, ou melhor, a omissão de qualquer referência à dedutibilidade das participações próprias, aponta já para a afirmação de que o capital social a ter em conta e que

---

[32] Cfr. José A. Engrácia Antunes, *Autoparticipações e Cômputo das Participações Intersocietárias*, *cit.*, p. 277.

[33] Cfr. os artigos 324.º, n.º 1, alínea a), e 220.º, n.º 4. Entre outras consequências, a suspensão dos direitos inerentes às acções próprias tem por efeito sua irrelevância para a determinação da representação do capital exigida pela lei ou pelos estatutos para as deliberações dos accionistas, efeito também previsto no artigo 341.º, n.º 4, para as acções preferenciais sem voto. Às acções próprias aplica-se o artigo 386.º, n.º 5, uma vez que a sociedade detentora de acções próprias está legalmente impedida de votar. A lei refere-se apenas à hipótese da maioria *qualificada* determinada em função do capital social, mas, por igualdade de razão, as acções próprias também não serão contadas sempre que houver que calcular para efeitos de voto uma percentagem em função do capital social (e não em função dos votos emitidos, como muitas vezes ocorre), incluindo-se aqui os casos de maioria simples. Cfr., neste sentido, Raúl Ventura, *Estudos Vários Sobre Sociedades Anónimas. Comentário ao Código das Sociedades Comerciais*, *cit.*, p. 397. Defendendo a aplicação analógica do artigo 386.º, n.º 5, aos casos em que a detenção de quotas próprias pela sociedade impede a formação da maioria de três quartos dos votos correspondentes ao capital social exigida pelo artigo 265.º, n.º 1, cfr. Jorge Henrique da Cruz Pinto Furtado, *Deliberações de Sociedades Comerciais*, Almedina, Coimbra, 2005, p. 222.

deve ser confrontado com o valor nominal da participação social é o capital nominal total, há que analisar a *ratio* das normas que estabelecem os limiares quantitativos das participações sociais no regime das sociedades coligadas para descobrir se a lei quis eleger como instrumento de coligação de sociedades a participação social *enquanto* associada aos inerentes direitos de voto ou a participação social *em si mesma considerada*. Por outras palavras, saber se o ponto nevrálgico do regime das sociedades coligadas se encontra no direito de voto ou na participação social independentemente dos direitos de voto que tenha inerentes.

A ausência de referência expressa na lei não deverá ser argumento decisivo, se dela resultar uma solução incompatível com o espírito do sistema. A afirmação a que nos leva o argumento literal deverá, pois, ceder se, por uma interpretação teleológica das normas em questão, se concluir que aquela solução colide de tal modo com as finalidades materiais subjacentes ao regime positivo que impeça a sua consecução[34]. Vejamos, então, cada uma das formas de coligação.

8. *A*) Relações de simples participação e de participações recíprocas

Parece-nos claro que não devem ser deduzidas ao capital social as participações próprias para efeitos de cômputo das participações previstas nos artigos 483.º e 485.º. É que a relevância das participações próprias no cômputo das participações dos sócios geraria um ónus para as sociedades participantes de averiguação permanente da existência de participações próprias, para saber quando teriam de cumprir os seus deveres de comunicação. Sendo que, muitas vezes,

[34] Cfr. JOSÉ A. ENGRÁCIA ANTUNES, *Autoparticipações e Cômputo das Participações Intersocietárias*, *cit.*, p. 279.

esta averiguação seria impossível. Criar-se-ia uma situação de insegurança jurídica permanente para as sociedades participantes[35].

Note-se, porém, que este ónus e dificuldade de informação recairia apenas sobre as sociedades ainda não sócias que quisessem adquirir uma participação. Uma vez sócia, a sociedade não terá razões para temer o perigo de, sem saber, ver a sua participação ultrapassar certos limites legais, em consequência da aquisição de acções próprias. É que a aquisição de acções próprias depende de deliberação da assembleia geral da sociedade. Mesmo quando as acções não sejam adquiridas directamente pela própria sociedade participada, mas por sociedade desta dependente[36], a deliberação de aquisição tem lugar na assembleia geral da sociedade mãe. Por isso, as situações de incerteza existiriam sobretudo relativamente àqueles que não são sócios e pretendam sê-lo.

O mesmo se diga para a relação de participações recíprocas[37], em que seria igualmente imposto tal ónus de verificação a quem não

---

[35] Cfr., neste sentido, *idem, ibidem*, p. 280.

[36] Cfr. artigo 325.º-B, n.º 2.

[37] Para uma crítica ao regime da relação de participações recíprocas, veja-se Carlos Osório de Castro, *Sociedades anónimas em relação de participações recíprocas: alguns aspectos do regime legal*, *cit.*, pp. 109-141. O autor considera que o legislador falhou quase em absoluto nos seus propósitos e que de tal modo estaria em falta a sintonia entre os caminhos trilhados e as metas em vista, que seria urgente uma intervenção legislativa. Intervenção que voltou a escapar ao legislador do Decreto-Lei n.º 76-A/2006, de 29 de Março, na mais recente grande alteração ao Código das Sociedades Comerciais. As criticas do autor (cfr. p. 134) dirigem-se sobretudo ao facto de a lei determinar uma percentagem para depois dela abdicar constantemente. Com efeito, se as sociedades *A* e *B* são reciprocamente titulares de participações de 25%, ambas adquiridas em momento anterior ao da primeira comunicação, os direitos inerentes à totalidade das acções de cada uma mantêm--se, porquanto o que resulta do n.º 3 do artigo 485.º é apenas que a sociedade que mais tardiamente tenha efectuado a comunicação e que por isso está impedida de adquirir novas acções ou quotas não possa exercer os direitos inerentes às acções ou quotas que tenha adquirido em violação dessa proibição. Assim, se

é sócio e pretenda sê-lo. A doutrina aponta ainda para o facto de a dedução das participações próprias oferecer aos destinatários do regime legal margem de manobra para iludir o regime e inverter o sentido da sua aplicação[38]. É que a dedução das autoparticipações ao capital social causaria a seguinte situação: num caso em que a sociedade *A* tivesse uma participação de 10% na sociedade *B*, e já o tivesse comunicado, detendo *B* 9% do capital de *A*, bastaria que *A* comprasse acções próprias para que a participação da sociedade *B* no capital de *A* passasse a ser superior a 10% e, assim, a sociedade *B* passava automaticamente a ser a sociedade sujeita às restrições previstas no artigo 485.º, n.º 2, para além das sanções previstas no artigo 510.º, sem que nada tivesse feito para isso e tendo até mantido os 9% precisamente para evitar uma relação de participações recíprocas. Em casos como este, os deveres, restrições e sanções para a sociedade nasceriam de actos unilaterais da sociedade participada. Mediante operações deste género, seria possível defraudar o regime das participações recíprocas e até desviar a aplicação do regime legal do seu verdadeiro alvo. Neste caso, *B*, detentora de 9%, participaria ou teria podido participar na assembleia geral da sociedade *A* em que seria deliberada a compra de acções próprias. O problema não estaria, assim, no facto de *B* não ser avisada da compra de participações próprias, residindo, antes, na flutuação da participação de *B* ao sabor da compra e venda de acções próprias. Ao saber que *A* iria comprar acções próprias, e para evitar que a sua

---

a sociedade detentora de 25%, uma vez impedida, não adquirir mais acções ou quotas, não vê afectado nenhum dos seus direitos. Donde resulta uma injustificada disparidade de regimes para situações materialmente idênticas. É que, se *B*, depois de adquirir os primeiros 10%, tivesse adquirido 15% do capital de *A* já depois de esta lhe ter comunicado a sua participação de 25%, *B* ficaria impedida de exercer os direitos inerentes a estas acções.

[38] Neste sentido, cfr. JOSÉ A. ENGRÁCIA ANTUNES, *Autoparticipações e Cômputo das Participações Intersocietárias*, *cit.*, pp. 281-283.

participação se tornasse, por esse efeito, superior a 10%, *B* teria de vender parte da sua participação, para não sofrer as sanções correspondentes ao aumento da sua participação para lá dos 10%.

Tudo isto nos parece repugnar ao espírito da lei, pelo que a conclusão não pode ser senão a de que não se deve deduzir do capital social o montante correspondente às acções ou quotas próprias.

Mas nem só estas desvantagens, ónus e até injustiças fundamentam a solução que acabamos de defender. É que, segundo nos parece, a dedução das participações próprias da sociedade ao montante do seu capital social serviria para garantir a correspondência entre o capital social na mão dos sócios e o capital votante, aproximando um e outro, de modo a que a percentagem do capital social exprima exactamente a percentagem dos direitos de voto detidos pela sociedade participante. Ora, parece-nos que a preocupação de garantir essa correspondência só fará sentido em casos em que o limite da participação social previsto na lei esteja intimamente relacionado com o exercício do direito de voto, sobretudo se o que a lei pretender regular for o domínio de uma sociedade por outra. Tal não é, porém, o que sucede no que respeita às relações de simples participação e às relações de participações recíprocas. Não é o direito de voto correspondente a 10% que a lei pretende abranger na sua regulação. Aliás, não há especial razão para que a participação relevante seja de 10%. Podia ser de 25%, como é noutros sistemas, como podia ser de 24%, 11% ou 9%. A única razão será a de que algum limiar tinha de se eleger.

Em particular quanto à relação de participações recíprocas, diga-se que este regime tem como *ratio* evitar que, através de participações recíprocas entre sociedades, se ponha em perigo a realização, a manutenção e a correcta verificação do capital social. A lei pretende também evitar que as participações recíprocas conduzam a um controlo da assembleia geral pelo conselho de administração da própria sociedade, abrindo as portas a que os conselhos de administração das sociedades (os quais muitas vezes serão comuns) usem reciprocamente os votos, enfraquecendo o controlo pelos accionistas.

Estes são os fundamentos do regime das relações recíprocas, sendo certo que aquelas preocupações da lei só terão fundamento quando ambas as participações cruzadas atinjam montantes consideráveis. A sanção do impedimento do exercício dos direitos inerentes resolve o segundo problema, relativo ao controlo da assembleia pelo próprio conselho de administração, e, se não resolve directamente o problema do capital social, serve certamente de desincentivo à aquisição de participações recíprocas acima de determinado montante[39].

O que interessa deixar aqui claro é que, se é certo que a *ratio* do regime das participações recíprocas se prende, em parte, com o exercício do direito de voto, também é certo que as finalidades da regulação legal são prosseguidas, quer a participação social de 10% tenha inerentes 10% dos direitos de voto, quer a participação de 10% tenha inerentes, por exemplo, 13% dos direitos de voto. Não sendo decisiva a diferença entre 10%, 12% ou 13% dos direitos de voto (pois que não se está perto de, por exemplo, atingir a maioria dos direitos de voto), e tendo em conta as desvantagens acima apontadas, como a insegurança jurídica que se instalaria, cremos não haver outra solução senão a de determinar os 10% relevantes para efeitos da aplicação dos artigos 483.º a 485.º pelo confronto entre o valor nominal da participação social e o valor nominal do capital social, sendo irrelevante a existência de acções ou quotas próprias.

---

[39] Outra solução seria estabelecer a obrigação de alienar todos ou títulos ou parte deles. Cfr. CARLOS OSÓRIO DE CASTRO, *Sociedades anónimas em relação de participações recíprocas: alguns aspectos do regime legal*, *cit.*, p. 110.

9. *B*) Relação de domínio

Uma das presunções de domínio estabelecidas pela lei é a da detenção de uma participação maioritária do capital, isto é, superior a 50% do capital da sociedade dominada. Esta presunção justifica-se por, em princípio, a maioria do capital implicar a maioria dos votos e a maioria dos votos trazer consigo o poder de eleger os titulares dos órgãos sociais. Este princípio pode sofrer inúmeros desvios, razão pela qual, parece-nos, a lei apenas estabeleceu presunções e não definições.

Um desses desvios é exactamente o relativo à correspondência entre percentagem do capital e percentagem do voto. Só que, ao contrário do que atrás foi dito para as relações de simples participação e de participações recíprocas, a ideia que subjaz a esta participação maioritária está intimamente relacionada com o poder de voto e, consequentemente, de domínio de uma sociedade sobre a outra. Poder-se-á dizer que uma participação maioritária só revela a existência de uma situação de domínio se e na medida em que traga consigo a maioria dos direitos de voto, argumentando-se que, na relação de domínio, como a lei só tem interesse no voto, a solução seria a de deduzir as participações próprias da sociedade, para o cômputo da participação social[40], uma vez que as acções ou quotas

[40] No *Codice Civile* italiano, a disposição que define o conceito de domínio centra-se no poder de exercício da maioria dos direitos de voto, não mencionando sequer a participação social, em si mesma considerada. Com efeito, a participação só terá importância na determinação de uma situação de domínio se e na medida em que incorpore direitos de voto. Cfr. ALBERTO LUPOI, *op. cit.*, p. 1185. Neste mesmo sentido, cfr. ANTONIO PAVONE LA ROSA, *Le Società Controllate – I Gruppi, in Trattato delle Società per Azioni*, Diretto da G. E. Colombo e G. B. Portale, Vol. 2, Tomo 2, UTET, Torino, 1991, pp. 585-587, afirmando que o que é determinante na verificação de uma situação de domínio não é a titularidade da participação social como tal, antes a titularidade do direito de voto. O autor sublinha, no entanto, a relevância da participação social enquanto tal, indício que

próprias são como que capital morto, que deve ser afastado na detecção de uma situação de domínio[41].

---

deve actuar autonomamente, independentemente do direito de voto que lhe seja inerente. É que a participação social não deixa de ser expressão de uma relevante participação económica na sociedade participada.

[41] Esta parece ser uma primeira conclusão a que chega JOSÉ A. ENGRÁCIA ANTUNES, *Autoparticipações e Cômputo das Participações Intersocietárias*, *cit.*, p. 286. Caso contrário, diz o autor, sociedades que tivessem uma participação minoritária no capital e o direito à maioria dos votos não seriam, paradoxalmente, abrangidas pela alínea a) do n.º 2 do artigo 486.º e, assim, seriam privilegiadas as sociedades dominantes de sociedades que tivessem participações próprias, pois que com uma participação inferior a 50% teriam a maioria dos votos e não chegariam a cair na previsão da alínea a) do n.º 2 do artigo 486.º. Tal diferença de tratamento não nos parece, no entanto, relevante, nem injusta, já que a lei, precisamente para resolver casos como o apontado, estabeleceu, ao lado da presunção da alínea a), as presunções das alíneas b) e c) do n.º 2 do artigo 486.º. Parecem-nos, assim, inúteis as tentativas de abarcar na presunção da alínea a) os casos em que a participação é minoritária mas os direitos de voto que lhe são inerentes são maioritários, pois que esta situação cai imediatamente na alínea b). Mais à frente, porém, o autor salienta que as presunções de domínio do 486.º, n.º 2, são isso mesmo, presunções *iuris tantum*, com um sentido fundamentalmente processual, isto é, de inverter o ónus da prova (*op. cit.* p. 287). E conclui, a final, pela não dedutibilidade das participações próprias também no caso das relações de domínio, afirmando que a quem queira alegar a existência de uma relação de domínio bastará alegar e provar a existência de uma participação maioritária, tendo em conta o capital nominal e não deduzido das participações próprias. A pessoa que invoque a presunção não terá de saber se a sociedade participada tem ou não participações próprias. Conclui o autor (*op. cit.*, p. 288) que, para ilidir a presunção, o interessado em afastar o resultado operado por esta presunção, terá de "*alegar e provar a existência, o montante e a pertinência das referidas autoparticipações, a fim de demonstrar que a sociedade presumivelmente dominante, apesar de titular de uma participação maioritária de capital, não retirou afinal "in casu" um poder de voto suficiente para lhe conferir uma efectiva influência dominante* [...].". Ora, parece-nos que, tratando o exemplo dado de uma sociedade detentora de uma participação maioritária no capital de uma outra sociedade que detém acções próprias, a ilisão da presunção operada pela alínea a) do n.º 2 do artigo 486.º nunca poderia ser alcançada pela invocação das acções ou quotas próprias da sociedade dominada. É que a invocação da participação própria da sociedade participada resultaria numa

O problema da existência de uma participação própria da sociedade participada para efeitos de aplicação do artigo 486.º não são aqueles em que a sociedade tem uma maioria do capital, porque, nesses casos, a sociedade terá direitos de voto superiores à percentagem, já maioritária, do capital nominal. Neste caso não haveria o perigo da não detecção da percentagem real dos direitos de voto, uma vez que a sociedade sempre cairia na presunção da alínea a) do n.º 2 do artigo 486.º. Os casos problemáticos, em que se poria a eventual fuga ao regime legal, são aqueles em que a sociedade não tem uma participação maioritária, mas tem a maioria dos votos, em razão da existência de uma participação própria. A sociedade escaparia assim da já referida presunção da alínea a). Mas a solução é-nos dada pela alínea b) do n.º 2 do artigo 486.º. Casos como o apontado sempre cairão nesta presunção, pensada exactamente para os casos em que a participação é minoritária mas a participante tem a maioria dos direitos de voto. Foi precisamente tendo em vista, não só este, como todos os casos de discrepância entre as percentagens do capital social e dos direitos de voto, que a lei separou as duas presunções das alíneas a) e b) do referido preceito. De um lado, a presunção da maioria do capital e, de outro, a presunção da maioria dos direitos de voto[42].

---

percentagem de votos *ainda maior* que a percentagem do capital social maioritária que fez operar a presunção da alínea a). Portanto, quando alguém viesse alegar a existência de uma participação maioritária, a sociedade poderia ilidir a presunção de domínio, invocando, por exemplo, deter acções preferenciais sem voto, mas nunca através da alegação da existência de acções próprias, pois que estas só viriam demonstrar que a sociedade dominante teria um poder de voto ainda maior do que o indiciado pela sua participação maioritária.

[42] Mas note-se que, curiosamente, as autoparticipações da sociedade dominada sempre acabariam, por força do 483.º, n.º 2, por ser equiparadas às participações detidas pela sociedade dominante. Veja-se, então, o exemplo: uma sociedade *A* tem 55% por cento do capital da sociedade *B* e não ilidiu a presunção de domínio. *B*, dominada de *A*, tem 35% de acções próprias, e *C* é um outro sócio de *B* que tem 10% do capital desta. Ora, se, por força do artigo 483.º, n.º 2 (a titularidade de

Assim, se neste caso o critério subjacente do regime legal é, efectivamente, o da influência dominante, sendo, portanto, estabelecido o limiar de 50% do capital social como indício de uma situação de domínio, e sendo indubitavelmente relevante o poder de voto detido pela participante, nem aqui deve admitir-se que a determinação da participação maioritária seja feita pelo confronto com o valor do capital social deduzido das autoparticipações, uma vez que o pensamento legislativo foi, precisamente, o de separar participação social e direitos voto, como resulta da leitura do n.º 2 do artigo 486.º.

10. *C*) Relação de domínio total

Quanto a este último caso, já poucos problemas se colocam. Para já, nos casos de domínio total inicial, nunca poderá haver autoparticipações, porque as sociedades estão proibidas pelo artigo 316.º, n.º 1, de subscrever acções próprias. Quanto ao domínio total superveniente, o problema também não se coloca, já que, para haver domínio total superveniente, não é necessário que a sociedade dominante detenha a totalidade do capital social, sendo antes o critério da lei o da inexistência de outros sócios. Assim, a sociedade será totalmente dominante da sociedade dependente desde que não haja outros sócios, quer a sociedade dependente detenha ou não participações próprias.

A lei deixa, assim, em aberto a possibilidade de existirem autoparticipações e, ainda assim, haver domínio total[43].

---

acções pela sociedade dependente equipara-se à titularidade pela dominante), os 35% de acções próprias de *B* se consideram ser da titularidade indirecta de *A*, então *A* tem (directa e indirectamente) 90% do capital de *B* e pode proceder a uma aquisição tendente ao domínio total. Cfr. *idem*, *ibidem*, p. 291.

[43] Neste sentido, *ibidem*, p. 288.

11. *D*) Conclusão

Percorridas as relações de participação previstas nos artigos 483.º e seguintes, concluímos que o cômputo da participação deve ser determinado pelo confronto do valor nominal da participação com o valor nominal do capital social *total*.

Um dos argumentos avançados pela doutrina em favor da solução enunciada é o de ser o capital social registado no registo comercial, ao passo que são desconhecidas do público as participações próprias e o seu montante em cada momento[44]. Com efeito presume-se existir o capital social constante dos estatutos registados no registo comercial, nos termos em que é definido. É o que resulta do artigo 11.º do Código do Registo Comercial.

Note-se, porém, que tal argumento não será assim tão decisivo se o participante em causa já for sócio, pois que, sendo sócio, participa, ou teve oportunidade de participar, na deliberação de compra das participações próprias, sendo certo que a decisão de compra de participações próprias depende de deliberação em assembleia geral.

O que se conclui deste capítulo é que, não só a letra da lei não nos permite deduzir as acções ou quotas próprias do montante do capital social a ter em conta para o cômputo de uma determinada participação social, como também essa dedução não corresponderia à sua finalidade.

---

[44] Assim, por exemplo, María de la Sierra Flores Doña, *Participaciones Recíprocas entre Sociedades de Capital*, Aranzadi, Pamplona, 1998, p. 246, entende que o capital social a confrontar com o valor nominal da participação social só pode ser o capital que consta dos estatutos (e é o que, também em Espanha, resulta da letra da lei), porque esse é o único que consta do registo comercial e cujo conhecimento se presume. A solução contrária causaria uma certa insegurança jurídica, já que para um leigo seria difícil saber qual o montante de participação própria detida pela sociedade.

CAPÍTULO II
A Participação Indirecta

12. A necessidade da previsão de formas indirectas de participação

A previsão legal de limites de participação social ou dos direitos de voto de umas sociedades nas outras, se isolada, traria consigo, como sucedia ainda no âmbito da vigência do § 3.º do artigo 183.º do Código Comercial[45], a previsível tendência de os sócios maioritários dispersarem artificialmente a sua participação por titulares fiduciários, frustrando-se assim o objectivo legal, por inaplicáveis as estatuições associadas às referidas previsões legais[46].

Num domínio como o das relações de coligação entre sociedades, a que a lei atribui determinados efeitos, proibindo, designadamente, a realização de certos negócios jurídicos entre determinadas sociedades quando se encontrem numa especial relação, tratando-se, na maior parte das vezes, de estabelecer proibições em razão, não dos negócios praticados, mas dos sujeitos que os praticam entre si, a lei estendeu, e bem, os efeitos e as proibições aos actos praticados por interposta pessoa, para evitar a fraude aos seus imperativos[47].

---

[45] "*nenhum accionista, qualquer que seja o número das suas acções, poderá representar mais da décima parte dos votos conferidos por todas as acções emitidas, nem mais de uma quinta parte dos votos que se apurarem na assembleia geral.*".

[46] Cfr. PEDRO PAIS DE VASCONCELOS, *op. cit.*, pp. 130-132.

[47] Devendo entender-se constituírem fraude à lei os actos que, não desobedecendo nem à letra nem ao espírito da lei, constituem uma violação indirecta desta, porquanto por eles se procura atingir o resultado prático que a lei deseja evitar (cfr. FERNANDO DE SANDY LOPES PESSOA JORGE, *O Mandato Sem Representação*, Reimpressão, Almedina, Coimbra, 2001, p. 203). Assim, quando a lei não proíbe directamente o fim (e a proibição do fim sempre implicaria a proibição dos meios que a ele levassem), mas se limita a proibir certos meios que conduzem a deter-

E fê-lo através da norma contida no artigo 483.º, n.º 2, estabelecida a propósito das relações de simples participação, mas aplicável por remissão a quase todas as situações de coligação.

Recorrem ao artigo 483.º, n.º 2, para completarem a sua previsão, as normas contidas nos artigos 486.º, n.º 1, 487.º, n.º 1, 489.º, n.º 1, 490.º, n.º 1, 494.º, n.º 2, alínea b), e o artigo 507.º, n.º 1.

Nuns casos, a remissão para o 483.º, n.º 2, é feita para o seu todo, ou seja, para participações sociais detidas por aquelas pessoas ou sociedades, outras vezes a remissão é feita apenas para o elenco de pessoas e sociedades daquela norma, sem que se trate de uma participação social. É o caso da remissão feita pelo artigo 494.º, n.º 2, alínea b).

O conceito de participação indirecta acaba por atravessar de ponta a ponta o regime legal das relações de coligação entre sociedades[48]. Daí a necessidade de precisar o seu alcance e o seu significado, sob pena de o regime das sociedades coligadas ser atravessado por um conceito de participação social difuso e inseguro.

O que podemos afirmar para já é que bem andou o legislador ao introduzir um conceito amplo e flexível de participação social, não obstante algumas dificuldades e até perplexidades que o conceito levanta na sua aplicação, como veremos, e pela multiplicidade de casos que abrange.

Com efeito, à titularidade de quotas ou acções por uma sociedade equipara-se a titularidade de quotas ou acções: por uma sociedade que dela seja directamente dependente; por uma sociedade que dela

---

minado fim indesejado, e os proíbe em razão desse fim, a prática de actos que constituam *outros meios* (não previstos e, portanto, não proibidos) para chegar a esse fim não é em si mesma contrária à lei, residindo antes a ilicitude destes actos no facto de com eles se alcançar um resultado prático igual ao que a lei pretendia evitar.

[48] Cfr. José A. Engrácia Antunes, *Os Grupos de Sociedades. Estrutura e Organização Jurídica da Empresa Plurissocietária*, *cit.*, p. 322.

seja indirectamente dependente e por uma sociedade que com ela esteja em relação de grupo. À titularidade de quotas ou acções por uma sociedade equipara-se ainda a titularidade de acções de que uma pessoa seja titular por conta: dessa sociedade; de sociedade que dela seja directamente dependente; de sociedade que dela seja indirectamente dependente; e de sociedade que com ela esteja em relação de grupo.

13. A participação indirecta dos artigos 447.º e 448.º

Não sendo as normas dos artigos 447.º e 448.º objecto deste trabalho, como havíamos já referido, cabe aqui, antes de avançar, fazer uma referência aos n.ºs 2 e 3 do artigo 447.º, aplicáveis às participações detidas pelos membros dos órgãos de administração e fiscalização sendo o n.º 2, por remissão do artigo 448.º, n.º 1, também aplicável às participações detidas por qualquer accionista na sociedade. Esta norma prevê importantes formas de participação indirecta. Considera, designadamente que são acções do participante as acções de que terceiro seja titular por conta do participante e as acções detidas por sociedades de que o participante seja sócio de responsabilidade ilimitada, seja gerente, ou de que detenha a maioria do capital ou dos votos.

Se, naquilo que do artigo 447.º, n.º 2, é aplicável a sócios quando estes sejam pessoas colectivas, o conceito de participação indirecta se aproxima do disposto no artigo 483.º, n.º 2, já esta norma não acompanha o n.º 3 do artigo 447.º, que considera para o cômputo das acções da titularidade dos administradores e membros do órgão de fiscalização as acções objecto de contrato promessa, contrato de opção, contrato de reporte, e outros que produzam efeitos semelhantes.

Nesta parte, o artigo 447.º já não é aplicável por remissão aos casos do artigo 448.º. Se fosse aplicável às acções detidas pelos sócios, e na medida em que se tratasse de um sócio que fosse uma sociedade anónima, por quotas ou em comandita por acções titular de acções ao portador não registadas, aquele n.º 3 do artigo 447.º acabaria por acrescer e se sobrepor à previsão do artigo 483.º, n.º 2, evidenciando uma desarmonia que seria indesejável. Essa desarmonia existe, ainda assim, nos casos em que o sócio é uma sociedade e detém acções ao portador não registadas na participada através de uma sociedade de que a sociedade participante é administradora, como é permitido pelo artigo 390.º, n.º 4. Neste caso, se tais acções atingirem, por exemplo, o limiar de 10%, a sociedade participante terá de comunicar a sua participação à participada por força do disposto nos artigos 448.º, n.º 1, e 447.º, n.º 2, alínea d), enquanto que o artigo 483.º, n.º 2, não a obrigaria, em princípio, a comunicar tal participação à participada, pois que tal participação não seria imputada à participante. Seria, pois, desejável a harmonização destes conceitos de participação indirecta, tendo em conta o potencial grau de sobreposição das previsões normativas.

14. A participação indirecta através de sociedade dependente da sociedade participante

O primeiro grupo de casos que surge na previsão do artigo 483.º, n.º 2, é o da participação detida por uma sociedade dependente da sociedade à qual é imputada a participação. O legislador recorre, pois, à relação de domínio definida no artigo 486.º, considerando pertencerem a uma sociedade as participações de que seja titular uma outra sociedade, sobre a qual a primeira possa exercer influência dominante[49], seja por deter a maioria do capital, seja por deter a

[49] Também o § 16 IV da *AktienGesetz* estabelece que as participações da sociedade dependente são imputadas à sociedade dominante. Cfr. FRIEDRICH KÜBLER, *op. cit.*, p. 586.

maioria dos votos, seja por poder eleger os titulares do órgão de administração ou fiscalização, seja por outra via de influência.

Entra neste primeiro grupo de casos o domínio indirecto, que pode, numa classificação feita por RAÚL VENTURA[50], ser dependente ou independente. Teremos um caso de domínio indirecto dependente quando uma sociedade *A* domina a sociedade *B* que, por sua vez domina a sociedade *C*, estabelecendo-se relações de dependência entre as três sociedades da cadeia. *A* domina *B* directamente e domina *C* indirectamente, tendo *B* o domínio directo sobre *C*. No segundo caso, *A* participa em *C* (participação que só por si não constitui uma situação de domínio), e simultaneamente domina a sociedade *B*. A sociedade *B* detém uma participação na sociedade *C*, que também por si só não constitui domínio sobre esta. No entanto, porque *A* domina *B*, a participação de *B* em *C* é imputável a *A*, o que faz com que *A* – por via da sua participação directa em *C* somada com a participação que, através de B, indirectamente detém em *C* – passe a dominar a sociedade *C*.

Para dar outro exemplo, se a sociedade *A* detém 51% da sociedade *B* e esta detém 10% da sociedade *C*, há uma relação de simples participação, não só entre *B* e *C*, directamente, como também entre *A* e *C*, por via da participação indirecta, porque os 10% detidos pela sociedade *B* na sociedade *C* são tidos pela lei como sendo da titularidade da sociedade *A*.

Mas o artigo 483.º, n.º 2, vai mais longe. Para efeitos de equiparação, a titular directa da participação no capital da sociedade participada tanto pode ser uma sociedade *directamente* dependente da sociedade à qual é imputada a participação, como pode ser uma sociedade *indirectamente* dependente desta.

Surge, neste ponto da previsão normativa, um problema de lógica: para se saber quais as sociedades *indirectamente* dependentes de

[50] Cfr. RAÚL VENTURA, *Participações Dominantes: Alguns Aspectos do Domínio de Sociedades por Sociedades, cit.*, p. 15.

determinada sociedade, à qual se pretende imputar certa participação, é necessário recorrer, precisamente, ao conceito de participação indirecta estabelecido no artigo 483.º, n.º 2, que, por sua vez nos diz que a participação indirecta pode ser detida por uma sociedade indirectamente dependente da sociedade participante, o que nos remete de volta para o artigo 486.º, n.º 1.

A este propósito, a doutrina refere-se expressivamente a um *jogo de recíprocos reenvios*[51], sem fim, ou a um *jogo de espelhos*[52] entre as duas disposições.

O que se verifica é que nenhuma das duas previsões normativas – nem a do artigo 483.º, n.º 2, nem a do artigo 486.º, n.º 1 – é autosuficiente na definição que pretende estabelecer, não sendo esta técnica legislativa, pois, muito feliz.

E se não é imediatamente evidente qual teria sido a boa técnica legislativa para este caso, o que nos parece evidente, pelo menos, é que é desnecessária a expressão "directa ou indirectamente" inserida no artigo 483.º, n.º 2, como qualificativa da sociedade dependente. É que bastava a referência, no artigo 483.º, n.º 2, à sociedade dependente, porque a definição de sociedade dependente, no artigo 486.º, n.º 1, contém já em si o conceito de dependência indirecta. Dito isto, de duas uma: ou o legislador pretendeu, com a referência, no artigo 483.º, n.º 2, à dependência indirecta, acrescentar algo à definição de domínio do artigo 486.º, n.º 1 (porventura, outras formas de dependência indirecta que se pudessem conceber); ou, como nos parece mais provável, o legislador, no ensejo de não deixar escapar nenhuma situação de participação indirecta, disse mais do que queria, pretendendo apenas referir-se às sociedades dependentes tal como definidas no artigo 486.º, n.º 1, definição em que se inclui já a relação

---

[51] Cfr. Francisco Manuel de Brito Pereira Coelho, *Grupos de Sociedades. Anotação Preliminar aos Arts. 488.º a 508.º do Código das Sociedades Comerciais*, *in Boletim da Faculdade de Direito da Universidade de Coimbra*, Vol. LXIV, Coimbra, 1988, p. 334, nota 91.

de dependência indirecta. O que nos leva a defender uma interpretação restritiva da norma contida no artigo 483.º, n.º 2, dando à expressão "dependente, directa ou indirectamente", o mesmo significado da relação de dependência tal como prevista no artigo 486.º, n.º 1. A interpretação é restritiva porque, numa interpretação que não o fosse, sempre teria de se extrair um significado diferente daquela expressão, por se partir do princípio de que o legislador teria dito *o que queria*, não sendo normal, pois, que o legislador tivesse querido repetir-se ou incluir expressões desnecessárias nas previsões normativas.

Seja como for, e colocando de lado o problema de lógica formal que acima apontámos, e que, na verdade, não cria dificuldades de aplicação de maior, o resultado prático da conjugação dos artigos 483.º, n.º 2, e 486.º, n.º 1, é a possibilidade de uma sociedade *A* ser titular de uma participação numa sociedade em *Z*, por intermédio de relações de domínio estabelecidas sucessivamente entre as sociedades que correspondam a todas as letras do alfabeto entre *A* e *Z*. Isto para dizer que esta cadeia de relações de domínio é tendencialmente infinita, tendo por efeito que a primeira sociedade da cadeia detenha, por via da equiparação estabelecida pelo artigo 483.º, n.º 2, uma relação de domínio sobre todas as restantes sociedades da cadeia de relações[53-54].

---

[52] Cfr. JOSÉ A. ENGRÁCIA ANTUNES, *Os Grupos de Sociedades. Estrutura e Organização Jurídica da Empresa Plurissocietária*, *cit.*, p. 321.

[53] Para uma breve comparação, diga-se que o Regime Geral das Instituições de Crédito e Sociedades Financeiras, no seu artigo 13.º, n.º 7.º, alínea c), abrange no conceito de participação as formas indirectas de detenção de direitos de voto, equiparando aos votos do participante os votos detidos por sociedades dominadas pelo participante. O legislador teve aqui também em vista a relação de domínio, se bem que numa concepção mais alargada do que a que consta do Código das Sociedades Comerciais, porquanto o n.º 2.º do artigo 13.º define relação de domínio em termos bastante mais amplos. Cfr. ANTÓNIO MENEZES CORDEIRO, *op. cit.*, pp. 776-777.

[54] O Código dos Valores Mobiliários, centrando-se nos direitos de voto, considera serem da titularidade do participante os direitos de voto detidos por

15. A participação indirecta através de sociedade que esteja em relação de grupo com a sociedade participante

O legislador equipara ainda à participação detida pela sociedade participante a participação que for da titularidade de qualquer sociedade que com aquela esteja em relação de grupo.

---

sociedades que com o participante se encontrem em relação de domínio. Mas o conceito de relação de domínio ao qual se deve recorrer para estes efeitos não é o que consta do artigo 486.º do Código das Sociedades Comerciais, antes o que surge no artigo 21.º, n.ºs 1 e 2, do Código dos Valores Mobiliários:

"1. Para efeitos deste Código, considera-se relação de domínio a relação existente entre uma pessoa singular ou colectiva e uma sociedade quando, independentemente de o domicílio ou a sede se situar em Portugal ou no estrangeiro, aquela possa exercer sobre esta, directa ou indirectamente, uma influência dominante.

2. Existe, em qualquer caso, relação de domínio quando uma pessoa singular ou colectiva:

a) Disponha da maioria dos direitos de voto;

b) Possa exercer a maioria dos direitos de voto, nos termos de acordo parassocial;

c) Possa nomear ou destituir a maioria dos titulares dos órgãos de administração ou de fiscalização.".

Este conceito afasta-se do que resulta da conjugação dos artigos 481.º e 486.º do Código das Sociedades Comerciais, em vários pontos, para além do relativo à irrelevância da localização da sede das partes da relação de domínio. Com efeito (Cfr. CARLOS OSÓRIO DE CASTRO, *A Imputação de Direitos de Voto no Código dos Valores Mobiliários*, *in Cadernos do Mercado de Valores Mobiliários*, CMVM, n.º 7, Abril de 2000, p. 172), no Código dos Valores Mobiliários, a pessoa dominante pode ser singular ou colectiva. E se o domínio consiste também na possibilidade de exercer uma influência dominante (tal como dispõe o artigo 486.º, n.º 1, do Código das Sociedades Comerciais), o Código dos Valores Mobiliários estabelece casos em que existe relação de domínio independentemente daquela possibilidade (enquanto que no n.º 2 do artigo 486.º são estabelecidas apenas presunções *juris tantum* de domínio, que devem ser lidas à luz do conceito estabelecido no n.º 1 do mesmo artigo e que podem ser ilididas). Cfr. *idem*, *ibidem*, pp. 177-178.

As relações de grupo aqui consideradas, na falta de distinção da lei, são todas as previstas no Código das Sociedades Comerciais: os grupos constituídos por domínio total, inicial ou superveniente, os grupos constituídos por contrato de subordinação e os grupos constituídos por contrato de grupo paritário.

Também neste caso, relativamente ao domínio total superveniente, temos o mesmo problema de lógica formal que é o dos reenvios recíprocos infinitos entre o artigo 483.º, n.º 2, e o artigo 489.º, n.º 1. É que, mais uma vez, a definição de participação indirecta pressupõe, para o preenchimento da sua previsão, a prévia definição de relação de grupo. Só que também esta, quando se trate de domínio total, pressupõe a prévia definição de participação indirecta, pois que inclui na sua previsão o domínio total através de "*outras sociedades ou pessoas que preencham os requisitos indicados no artigo 483.º, n.º 2*".

Nestes casos de participação no capital de uma sociedade através de outra sociedade que esteja em relação de grupo com a participante há uma particularidade a assinalar, que consiste em a equiparação ser feita nos dois sentidos. Isto é, tanto as quotas ou acções detidas pela sociedade subordinada ou dominada são equiparadas pela lei às participações detidas pela sociedade directora ou dominante, como, por outro lado, as quotas ou acções detidas pela sociedade directora ou dominante são tidas pela lei como pertencendo à sociedade subordinada ou dominada. O que não sucede na equiparação feita por recurso à relação de domínio de que acima falámos, em que só as participações detidas pela sociedade dominada são equiparadas às da sociedade dominante e não o contrário. Para as relações de grupo, o legislador estabeleceu a total equiparação entre as participações detidas por qualquer das sociedades do grupo, sendo absolutamente irrelevante qual das sociedades é a sua titular jurídico-formal. Parece-nos que esta equiparação nos dois sentidos, em que a lei traz à esfera da sociedade totalmente dominada as participações da sociedade dominante, para dar o exemplo de um grupo constituído por domínio total, gera multiplicações de participações desnecessárias. Veja-se, por exemplo, o que sucede num grupo circular constituído por relações de domínio total: *A* detém 100% de *B*, que detém 100% de *C*, que detém 100% de *A*. Se pela via normal da equiparação já resultaria que *A* teria o domínio total indirecto de *C*, e que esta teria o domínio total de *A* (havendo aqui, portanto, uma relação de participações recíprocas de 100%, e podendo, mesmo, considerar-se que *A* deteria por via de *C* 100% de participações próprias, dado o disposto no artigo 325.º-A), a equiparação no sentido contrário faria com que *A* – não agora por deter o domínio total indirecto de *C*, mas por ser totalmente dominada por *C* – fosse, *de novo*, titular de 100% do seu próprio capital social, resultado igual ao atingido pela primeira via de equiparação.

Já numa relação de grupo, também constituída por domínio total, mas que não seja circular (*A* domina totalmente *B*, que domina totalmente *C*), temos não só que *A* domina totalmente (indirectamente) *C*, como também que *C* detém 100% do seu próprio capital social, uma vez que as participações detidas pela sua dominante são imputadas à sua esfera jurídica. Assim, sempre que estejamos perante uma relação de grupo constituída por domínio total, a sociedade dominada, por via do disposto no artigo 483.º, n.º 2, deteria a totalidade do seu próprio capital social, o que suscitaria o problema da conformidade com o disposto no artigo 317.º e sempre significaria que todo o seu capital social veria suspensos todos os direitos que lhe fossem inerentes, atento o disposto no artigo 324.º, n.º 1, alínea a). A sociedade dominada ficaria, assim, paralisada na medida em que não seria possível votar deliberações.

Não terá sido este, certamente, o intuito do legislador que, mais uma vez, com a preocupação de abarcar na previsão do artigo 483.º, n.º 2, todas as situações possíveis e imaginárias de participações indirectas, estabelecendo equiparações a nosso ver excessivas, leva a aplicação da lei a resultados aberrantes[55-56].

16. A participação indirecta através de pessoa que seja titular de acções por conta da sociedade participante

Para além das sociedades dependentes e das sociedades em relação de grupo, a lei equipara à sociedade participante, para efeitos de cômputo das suas participações sociais, qualquer pessoa que detenha acções numa sociedade por conta daquela.

Uma primeira palavra servirá para esclarecer que consideramos excluídas deste preceito a titularidade de acções através de pessoa que actue em nome da sociedade, pois que esses serão casos de participação directa, já que os efeitos jurídicos dos negócios pratica-

---

[55] Para este conceito de sociedades em relação de grupo remete também o Regime Geral das Instituições de Crédito e Sociedades Financeiras, no seu artigo 13.º, n.º 3.º, alargando-o na medida em que nele abrange as sociedades que não tenham a sua sede em Portugal. Por sua vez, no seu n.º 7.º, alínea d), este diploma equipara aos direitos de voto do participante os detidos por sociedades que com ele se encontrem em relação de grupo.

[56] Também no artigo 20.º do Código dos Valores Mobiliários, que se centra nos direitos de voto, são imputados ao participante os direitos de voto detidos por sociedades que com ele estejam em relação de grupo (cfr. a alínea b) do preceito). A definição de relação de grupo, para estes efeitos, consta do artigo 21.º, n.º 3, do mesmo Código: *"Para efeitos deste Código consideram-se em relação de grupo as sociedades como tal qualificadas pelo Código das Sociedades Comerciais, independentemente de as respectivas sedes se situarem em Portugal ou no estrangeiro."*. É, assim, acolhida a noção de grupo do Código das Sociedades Comerciais, com a diferença de que a relação de grupo, para os efeitos previstos no Código dos Valores Mobiliários, não pressupõe que as sociedades assim coligadas tenham a sua sede em Portugal, diferentemente do que sucede no regime das sociedades coligadas do Código das Sociedades Comerciais, por força do disposto no artigo 481.º, n.º 2.

dos pelo representante se repercutem directa e imediatamente na esfera jurídica da sociedade representada.

Importa ainda, antes de avançar para os casos que estarão aqui previstos, assinalar a particularidade aqui introduzida pelo legislador, ao referir-se apenas a acções e não a quotas, quando para as outras situações de participação indirecta se refere sempre a quotas e acções. Esta restrição às acções leva a que esta forma de participação indirecta seja apenas possível em relação a sociedades anónimas e sociedades em comandita por acções e já não a sociedades por quotas. Não descortinamos a razão que terá levado o legislador a esta restrição. Talvez o tenha feito inadvertidamente, até porque esta diferença, sustentada numa interpretação literal do preceito, poderá desvirtuar todo o cuidadoso sistema de participações indirectas criado pela lei. Assim, se tivermos, por exemplo, uma sociedade *A* que celebra um contrato de mandato com *X*, para adquirir e ser titular durante determinado período de uma quota de 60% do capital da sociedade *B*, temos que *X* detém, por conta da sociedade *A*, 60% da sociedade *B*. Pela letra da lei, não poderemos considerar que *A* seja dominante da sociedade *B*, o que nos parece ir contra o intuito do legislador ao consagrar a norma do artigo 483.º, n.º 2, e todo o regime das sociedades coligadas.

Diga-se ainda que esta *pessoa* que age por conta da sociedade tanto pode ser uma pessoa singular como uma pessoa colectiva. Importa é que tenha com a sociedade à qual será imputada a participação um vínculo jurídico que dê cobertura e determine a actuação *por conta* desta última.

17. *(Cont.)* A interposição de pessoa

A lei teve sobretudo em vista abranger na sua previsão os casos de interposição de pessoa, seja através de que vínculo for.

Pode definir-se a interposição de pessoa[57] como sendo "*a realização por alguém de um acto jurídico alheio, por conta e no interesse do* dominus, *mas em nome próprio.*"[58]. Alguém que não é titular dos interesses em causa pratica um acto jurídico em vez do titular desses interesses. E, como dissemos, para que seja interposta pessoa é necessário que actue em nome próprio.

Normalmente, o titular dos interesses recorre a uma pessoa interposta quando não quer aparecer aos olhos da outra parte e de terceiros como titular dos interesses, sem que esta actuação seja, por si só, considerada ilícita pela lei. É que esta ocultação nem sempre terá o objectivo de enganar alguém, sendo até muitas vezes inocente, tendo antes o intuito de evitar especulações, de conseguir condições mais favoráveis, de manter o segredo do negócio[59]. Mas também nada impede que o titular dos interesses seja conhecido da outra parte. Pode não querer propriamente esconder-se, mas utiliza a interposta pessoa, por razões até de capacidade técnica. Na interposição de pessoa, sendo o negócio alheio à pessoa interposta, esta alienidade é irrelevante, mesmo quando seja conhecida da outra parte[60].

A interposição de pessoa refere-se necessariamente à prática de actos jurídicos[61]. Só há interposição de pessoa quando se realize um

---

[57] Ou interposição gestória, como mais concretamente é designada por EMILIO BETTI, *Teoria Geral do Negócio Jurídico,* Tomo III, tradução de Fernando de Miranda, 1.ª Edição, Coimbra Editora, Coimbra, 1970, p. 180.

[58] Cfr. FERNANDO DE SANDY LOPES PESSOA JORGE, *op. cit.*, p. 162.

[59] Cfr. FERNANDO DE SANDY LOPES PESSOA JORGE, *op. cit.*, p. 161.

[60] Cfr. EMILIO BETTI, *Teoria Geral do Negócio Jurídico,* Tomo III, *cit.*, p. 187.

[61] Cfr. CARLOS ALBERTO DA MOTA PINTO, *Teoria Geral do Direito Civil,* 4.ª Edição por António Pinto Monteiro e Paulo Mota Pinto, Coimbra Editora, Coimbra, 2005, pp. 355 e seguintes. Acto jurídico insere-se na categoria mais vasta de facto jurídico em sentido lato (todo o acto humano ou acontecimento natural juridicamente relevante). E dentro do facto jurídico teremos, de um lado, o acto jurídico ou facto jurídico voluntário e, do outro, o facto jurídico involuntário ou natural. O primeiro, ao contrário do segundo, resulta da vontade como elemento

acto jurídico, uma declaração de vontade, acompanhada ou não de actos materiais.

A interposta pessoa não só realiza actos jurídicos (as mais das vezes negócios jurídicos) alheios, como também não tem interesse próprio no acto que realiza[62]. Há interposição de pessoa no mandato sem representação, na comissão, na gestão de negócios. Trata-se sempre da realização de actos jurídicos alheios. Mas note-se que o acto, enquanto declaração de vontade, é *próprio* da interposta pessoa (ao contrário do que sucede com o núncio, por exemplo). Não é, pois, com este sentido que nos referimos à alienidade do acto.

Um outro sentido de alienidade, que também não corresponde ao que temos agora em vista, seria o que distingue a declaração de vontade dos efeitos jurídicos. Um negócio seria alheio quando alguém emitisse uma declaração de vontade e os efeitos desta se repercutissem na esfera de outrem (como sucede, por exemplo, na representação)[63]. Mas ainda não é este o sentido da alienidade do negócio ou acto praticado por interposta pessoa, uma vez que, não havendo relação de representação, os efeitos produzir-se-ão na esfera da pessoa interposta. O acto jurídico será alheio para a interposta pessoa por versar sobre interesses que não lhe respeitam.

Ao falarmos de *interesses*, devemos ter presente o seguinte: o negócio jurídico é uma auto-regulamentação de *interesses*, isto é,

---

juridicamente relevante. É manifestação ou actuação de uma vontade. Dentro do acto jurídico ou facto jurídico voluntário temos, depois, de um lado, os negócios jurídicos e, do outro, os simples actos jurídicos.

[62] Sem com isto se negar o interesse que a interposta pessoa terá na realização do acto jurídico se o fizer, por exemplo, em cumprimento de um contrato de mandato oneroso. Nesta medida, a interposta pessoa terá interesse próprio. O que se quer dizer é que o acto jurídico a realizar não versa sobre interesses que pertençam à interposta pessoa. Cfr. FERNANDO DE SANDY LOPES PESSOA JORGE, *op. cit.*, p. 171.

[63] Cfr. *idem*, *ibidem*, p. 173

uma regulamentação feita pelos próprios *interessados*. E as partes são *interessadas* porque, em regra nenhuma age *desinteressadamente*. Há normalmente um fenómeno de troca, de circulação cruzada de dois ou mais interesses. Se por interesse entendermos a relação entre uma situação de necessidade e um bem (em sentido lato) na perspectiva da pessoa necessitada[64], então o interesse será alheio em relação à pessoa que intervém no negócio jurídico, quer quando a esta não pertença o bem cuja circulação faz operar (o meio que proporciona a satisfação da necessidade), quer quando tal pessoa não é o sujeito da necessidade que esse bem visa satisfazer. A interposta pessoa, para o ser verdadeiramente, deve actuar no interesse do interponente: em benefício ou vantagem deste, defendendo e prosseguindo aquilo que se sabe ou pensa ser o interesse do interponente. Esse o significado da alienidade do acto jurídico.

Por actuar *em nome próprio*, a interposta pessoa assume a posição de parte e recebe na sua esfera jurídica os efeitos que decorrem do negócio ou acto jurídico: é ela quem tem legitimidade para exigir e receber o cumprimento das obrigações e é contra ela que a outra parte deve agir. Esta situação de parte não se transfere para o interponente senão por cessão da posição contratual, o que sempre exigiria o consentimento do outro contraente.

Temos ainda como nota essencial do conceito de interposição de pessoa, a actuação *por conta de outrem*[65]. E não faria sentido que a interposta pessoa agisse por conta própria. Com efeito, e como bem salienta PESSOA JORGE[66], o facto de a interposta pessoa actuar em nome próprio, inscrevendo-se, como tal, os efeitos da sua actuação na sua esfera jurídica, prosseguindo um interesse que lhe é

---

[64] Cfr. *ibidem*, pp. 174-178

[65] O termo parece ter a sua origem histórica na *conta* que o comerciante que age para outra pessoa abre nos seus livros de contabilidade a fim de lançar os créditos e débitos que vai tendo sobre essa pessoa. Cfr. *ibidem*, p. 193.

[66] Cfr. *ibidem*, pp. 192-195.

alheio, encerra em si uma contradição. Esta contradição resolve-se precisamente pelo facto de a actuação ser *por conta* do titular dos interesses. É que os efeitos, apesar de se projectarem na esfera da interposta pessoa, são destinados ao titular dos interesses, a quem a interposta pessoa os deve transmitir, na sua exacta configuração jurídica ou, pelo menos, na sua expressão económica. Um negócio é, assim, praticado *por conta de outrem* sempre que os seus efeitos ou parte deles se devam projectar ou repercutir na esfera jurídica de quem nele não interveio. Há um destino para outrem, quer os efeitos do negócio sejam directa e imediatamente projectados para a esfera do interponente, quer tal projecção exija novo acto de transmissão, quer se dê apenas a projecção dos resultados económicos da operação. Geralmente, quem corre os riscos do negócio é, em razão de o negócio ser praticado por sua conta (e risco), o titular dos interesses, tal como resulta, para o caso do mandato civil, da norma supletiva estabelecida no artigo 1183.º do Código Civil. Mas pode ficar estipulado que é a interposta pessoa quem responderá pelas perdas ou pela solvabilidade da outra parte. É o que sucede na comissão comercial, quando o comissário responda pelo cumprimento das obrigações contraídas pela pessoa com quem contratou[67].

De tudo isto resulta que a interposta pessoa está obrigada a transferir os efeitos do acto a quem os mesmos se destinam – ao interponente – ou, pelo menos, a investi-lo nos resultados económicos que esses efeitos traduzem.

Como salienta a doutrina italiana[68], e já no campo das participações societárias, a pessoa interposta é equiparada à interponente, de

---

[67] É a situação do comissário *del credere*, prevista nos §§ 1.º e 2.º do artigo 269.º do Código Comercial.

[68] Em Itália a participação indirecta é a participação através de sociedade fiduciária, sociedade controlada e pessoa interposta. Com efeito, prevê o artigo 2359 do *Codice Civile* o seguinte: "2359. *Società Controllate e società collegate. – Sono considerate società controllate: 1) le società in cui un'altra società dispone della maggioranza dei voti esercitabili nell'assemblea ordinaria; 2) le società in*

modo a que aquilo que é proibido a esta é também proibido se esta o fizer por interposta pessoa. A remoção da interposta pessoa é conseguida através da equiparação. Mas esta equiparação depende do vínculo entre o interponente e a interposta pessoa[69]. É, assim, o vínculo obrigacional entre o interponente e o interposto que diferencia os vários tipos de interposição.

Mas vejamos que vínculos podem ser esses e quais as características da relação estabelecida entre o titular jurídico-formal da participação social e a sociedade por conta de quem aquele age, de

---

cui un'altra società dispone di voti sufficienti per esercitare un'influenza dominante nel'assemblea ordinaria; 3) le società che sono sotto influenza dominante di un'altra società in virtù di particolari vincoli contrattuali com essa. Ai fini dell'applicazione dei numeri 1) e 2) del primo comma si computano anche i voti spettanti a società fiduciarie e a persona interposta: non si computano i voti spettanti per conto di terzi. [...]". Esta norma aparece no âmbito do controlo indirecto, sendo que este preceito se centra no direito de voto, preocupando-se com o exercício do voto por interposta pessoa e não com as participações indirectas em si mesmas consideradas.

[69] Cfr. ALBERTO LUPOI, *op. cit.*, p. 1173-1179. Este autor considera, porém que a participação detida por sociedade através de sociedade fiduciária ou de sujeito interposto, mandatário, comodatário é ainda uma participação *directa*, uma vez que o interponente pode sempre e incondicionalmente exercer o direito inerente à participação social através daqueles que detêm a participação por sua conta, já que estes não se regem pelo seu interesse. O interponente pode, a qualquer momento, entrar em relação directa com a participação, sendo que a satisfação do seu interesse não encontra obstáculo. O critério utilizado pelo autor é o dos interesses: não se pode dizer que uma participação social é indirecta pela simples presença, sem mais, de um sujeito entre o titular e o direito. A participação será indirecta apenas se estivermos em presença de um interesse da pessoa interposta que seja relevante e que seja diferente do do interponente. Assim, seria indirecta a participação detida por sociedade controlada, pois que esta não é obrigada a exercer o direito de voto segundo a vontade da dominante. A dominante encontra obstáculos ao exercício da sua vontade: os direitos das minorias da sociedade controlada, o interesse social da controlada. E a controlada (ou, no nosso direito, a sociedade dependente) é a proprietária das participações. A dominante não pode entrar em relação directa com a participação detida pela controlada por simples acto seu de vontade.

modo a precisarmos, dentro do possível, o significado e o alcance da parte final do artigo 483.º, n.º 2.

18. *A*) O mandato sem representação e a comissão

O mandato é o contrato pelo qual uma das partes se obriga a praticar um ou mais actos jurídicos por conta da outra, conforme dispõe o artigo 1157.º do Código Civil. Porque o mandante não pode ou não quer praticar determinado acto ou gerir determinada situação, nomeia um gestor. O mandato é uma relação de colaboração e uma relação gestória. O acto jurídico praticado pelo mandatário é-lhe alheio. Tal é um pressuposto do contrato de mandato e integra a sua razão de ser.

Da leitura do artigo 483.º, n.º 2, resulta que a lei se centrou da ideia da actuação *por conta de outrem*, mais do que na actuação *no interesse de outrem.*

Como resulta do que ficou dito a propósito do conceito de interposição de pessoa os conceitos de *agir por conta de* e *agir no interesse de* não são coincidentes, embora andem normalmente associados[70].

Assim, a actuação no interesse do mandante supõe que o acto praticado seja alheio ao mandatário e que por isso este age em benefício ou vantagem do mandante e não em benefício ou vantagem próprios. Agir no interesse de outrem é, assim, e antes do mais, a consequência necessária da alienidade do negócio[71]. Já a actuação

[70] Cfr., neste sentido, M. JANUÁRIO COSTA GOMES, *Contrato de Mandato Comercial. Questões de Tipologia e Regime*, *in As Operações Comerciais*, Livraria Almedina, Coimbra, 1988, pp.496-499 que acompanha PESSOA JORGE na distinção as duas noções.

[71] Cfr. *idem*, *ibidem*, p. 498. O autor procura dar à expressão *agir no interesse de* um conteúdo que vá para lá da simples consequência da alienidade do negócio. É, de facto, o mandante quem tem interesse na prática do acto e não o mandatário.

por conta do mandante significa que a este se destinam os efeitos jurídicos dos actos praticados pelo mandatário ou, pelo menos, a sua expressão económica.

O mandato comercial é definido no artigo 231.º do Código Comercial como sendo o contrato pelo qual uma pessoa se encarrega de praticar um ou mais actos de comércio por mandado de outrem. São elementos essenciais do contrato de mandato comercial, que tem como sustentáculo a noção de mandato civil que em cada momento esteja em vigor[72]: a obrigação de praticar um ou mais actos jurídicos de comércio; a actuação do mandatário por conta do mandante; e o direito do mandatário a uma retribuição[73], conforme dispõe o artigo 232.º do Código Comercial.

Os actos jurídicos de comércio passíveis de ser objecto do mandato comercial não representativo (que é o que nos interessa, pois, como vimos, a participação através de representante é ainda uma participação directa) são todos os susceptíveis de serem praticados através de interposição de pessoa. Assim, temos, por exemplo, o mandato para depositar e o mandato para aceitar uma letra.

Note-se que, se falarmos de actos de comércio exclusivamente subjectivos[74], que o sejam em função da natureza de comerciante da pessoa por conta de quem o acto é praticado, esta tem de ser

---

Mas, diz o autor, se não se conferir a este *interesse de outrem*, um outro sentido, a alusão legal ao interesse seria tautológica em face da própria existência da relação de mandato que implica a alienidade dos actos jurídicos praticados pelo mandante. A alusão já terá, segundo o autor, um sentido útil se dela se extrair o dever de o mandatário agir de acordo com o que se torna necessário fazer para que resultem mais benefícios e vantagens para o mandante.

[72] Cfr. *ibidem*, p. 493.

[73] Cfr. *ibidem*, pp. 494-503.

[74] Estabelece o artigo 2.º do Código Comercial que "*Serão considerados actos de comércio (...) todos os contratos e obrigações dos comerciantes, que não forem de natureza exclusivamente civil, se o contrário do próprio acto não resultar*", de onde resulta a noção de actos de comércio subjectivos.

comerciante[75] e o mandatário teria então de agir munido de poderes de representação, o que nos levaria para o mandato comercial representativo[76]. Tal não sucederia nas situações objecto deste trabalho, uma vez que as compras e vendas de partes ou de acções de sociedades comerciais são compras e vendas comerciais, conforme resulta do artigo 463.º, § 5.º, do Código Comercial. Trata-se, pois, de um acto de comércio em sentido objectivo, sendo-lhe assim aplicável o respectivo regime comercial independentemente da natureza de comerciante da interposta pessoa que o pratique.

Quando o mandato comercial é desacompanhado de uma relação de representação, temos um contrato de comissão, previsto no artigo 266.º do Código Comercial, que ocorre sempre que o mandatário age sem qualquer referência ao mandante, contratando por si e em seu nome, como principal e único contraente.

Quanto aos efeitos do mandato sem representação, temos que o mandatário é obrigado a transferir para o mandante os direitos adquiridos em execução do mandato, como resulta do artigo 1181.º do Código Civil. Coloca-se aqui o problema, objecto de longa discussão doutrinária, de saber se os efeitos se radicam na esfera do mandatário e depois, mediante *novo acto*, se transferem para a esfera do mandante (como sustentam os defensores da tese da dupla transferência), ou se radicam nesta directamente, como sustentam os defensores da tese da transferência única.

No mandato civil, o Código Civil parece ter consagrado a tese da dupla transferência, pelo menos no mandato para adquirir: o mandatário compra e tem a obrigação de depois o alienar ao mandante. Já no mandato civil para alienar, o mandatário não tem de comprar primeiro a coisa ao mandante para depois a vender. Pode vender a coisa alheia, porquanto é o próprio mandato que confere ao manda-

---

[75] Qualidade conferida às sociedades comerciais pelo artigo 13.º, n.º 2, do Código Comercial.

[76] Cfr., neste sentido, M. JANUÁRIO COSTA GOMES, *op. cit.*, p. 496.

tário legitimidade para a alienar e, lembre-se, a venda de coisa alheia só é nula se o vendedor carecer de legitimidade para a realizar, como dispõe o artigo 892.º do Código Civil[77].

Já no mandato comercial, o Código Comercial apresenta vários indícios[78] do acolhimento da tese da transferência imediata: as mercadorias de cuja alienação o mandatário está encarregado pertencem ao mandante; as mercadorias que o mandatário adquire por conta do mandante pertencem a este. Destes indícios e ainda do disposto nos artigos 235.º, 241.º, 275.º, 276.º e 247.º do Código Comercial podemos concluir que, no que respeita aos efeitos reais, os actos praticados pelo mandatário têm eficácia directa na esfera do mandante. Sendo este o sistema que vai mais de encontro aos interesses dos comerciantes e que melhor espelha o circuito económico do bem[79].

Configurados os contratos de mandato e comissão, parece-nos que os mesmos cabem na parte final do artigo 483.º, n.º 2, podendo integrar o conceito de *titularidade de acções por conta de outrem*. Poder-se-á dizer que, sendo a compra e venda de partes sociais um acto de comércio, este mandato seria sempre comercial e, por não ser representativo, estaríamos sempre perante um contrato de comissão. Parece-nos, no entanto, que as partes, na sua liberdade de

---

[77] Cfr. FERNANDO ANDRADE PIRES DE LIMA / JOÃO DE MATOS ANTUNES VARELA, *Código Civil Anotado*, Volume II, 4.ª Edição Revista e Actualizada, Coimbra Editora, Coimbra, 1997, p. 827. Quanto ao caso particular do mandato para alienar, e depois de afirmarem a tese da dupla transferência, os autores desvalorizam a importância da discussão em torno de se saber se neste caso há uma única transferência ou há duas transferências, notando que tal só terá interesse no domínio da construção doutrinária. Importante será reconhecer que, no momento da execução do mandato, o mandante perde o seu direito de propriedade, em consequência da venda e que, nesse mesmo momento, passou a ser proprietário o terceiro adquirente. Quanto a nós, parece-nos dar-se neste caso a transferência imediata dos efeitos jurídicos da compra e venda para a esfera do mandante, sem necessidade de acto posterior do mandatário.

[78] Cfr. M. JANUÁRIO COSTA GOMES, *op. cit.*, p. 524.

[79] *Idem, ibidem*, p. 526.

estipulação, podem querer afastar-se do regime da comissão, caindo nas características do mandato civil, razão pela qual não deixámos aqui de considerar o mandato civil.

Note-se que não seria suficiente para cair na previsão do artigo 483.º o simples mandato para adquirir acções. Teria de ser estipulado que o mandatário deteria as acções na sua esfera jurídica por determinado tempo, não transferindo a propriedade das mesmas para a sociedade mandante senão depois de certo período de tempo. É que no momento em que se dê essa transmissão deixamos de ter uma participação indirecta para passar a ter uma participação directa.

Como nota alguma doutrina[80], neste específico fenómeno de interposição de pessoa há, para além do mandato ou comissão, ainda um negócio fiduciário[81], porque, normalmente, o mandatário ou comissário não transfere de imediato as acções para o titular dos interesses, caso em que terminaria a interposição. Para além de adquirir as acções a interposta pessoa normalmente mantém-nas como propriedade sua, sendo neste aspecto que reside a dimensão fiduciária do mandato, no caso da participação social indirecta.

Olhando agora o efeito de equiparação estatuído pelo artigo 483.º, n.º 2, parece-nos que este será uma manifestação da tese da transferência imediata, quanto aos efeitos jurídicos dos actos praticados pelo mandatário, dado o especial regime de equiparação que aí se consagra. Com efeito, aquela norma considera a titularidade da participação social como radicando logo na esfera da sociedade, sem necessidade de qualquer acto de transferência dos efeitos jurídicos para a esfera da sociedade mandante ou comitente.

Note-se, por fim, que, segundo a regra constante do artigo 1184.º do Código Civil, enquanto o mandatário que tiver adquirido as

---

[80] Cfr. LUIS DÍEZ-PICAZO Y PONCE DE LÉON, *La utilización de persona interpuesta de los negocios de una sociedad anónima con sus propias acciones, in Estudios de Derecho Mercantil en Homenaje al Profesor Manuel Broseta Pont*, Tomo I, Tirant lo blanch, Valencia, 1995, pp. 871-872.

[81] Cfr., *infra*, o que sobre o negócio fiduciário se deixará dito no ponto 20.

acções as mantiver na sua propriedade e não as transmitir ao mandante, estas acções não respondem pelas dívidas do mandatário (em excepção à regra do artigo 601.º do Código Civil), se o mandato constar de documento escrito anterior à penhora e a compra da participação não tiver sido registada ou não seja sujeita a registo (como é o caso, quando se trate de compra de acções). A participação social também não responderá, nesse período, pelas dívidas da sociedade mandante, por não ser um bem seu ou sobre o qual tenha qualquer direito real. O mandante tem apenas um direito obrigacional sobre o mandatário à transferência, já que o nosso mandato[82] não tem eficácia real, pelo que a sociedade mandante não goza do direito de sequela, nem do direito de separação, no caso de o mandatário se tornar insolvente. Se a participação for entretanto alienada pelo mandatário a um terceiro, este responde pelos danos que haja causado à sociedade mandante, mas não pode esta ir reivindicar a participação ao património do terceiro adquirente. Não há acção de reivindicação porque, como a participação adquirida pelo mandatário nunca chegou a ser transferida para a sociedade mandante, esta nunca chegou a ter qualquer direito real sobre a mesma.

E, não obtante ter o artigo 483.º, n.º 2, consagrado numa verdadeira equiparação considerando a socieade mandante como titular da participação, os efeitos desta equiparação restrigem-se aos previstos no regime das sociedades coligadas.

19. *B*) Acordos de voto?

Interrogamo-nos neste ponto sobre se a celebração, por uma sociedade, de um acordo parassocial de voto com outrem pode ter por efeito a imputação na esfera jurídica daquela da participação

---

[82] Fernando Andrade Pires de Lima / João de Matos Antunes Varela, *Código Civil Anotado*, Volume II, *cit.*, p. 827.

detida pela pessoa com quem celebrou o acordo de voto, nos termos do artigo 483.º, n.º 2. Trata-se aqui de saber se aquele que se vincula no exercício do direito de voto por acordo parassocial celebrado com outro sócio pode ser considerado como titular da participação social *por conta* deste último.

Vimos já que os acordos de voto são considerados por disposições já citadas, no âmbito de outros ramos do Direito, como veículo de imputação, não só da titularidade dos direitos de voto, como da efectiva titularidade da participação social[83]. Assim, um sócio de uma sociedade seria titular não só da participação que detivesse directamente, como também das participações de quem a ele se tivesse vinculado no exercício do direito de voto, através de um acordo de voto.

Vejamos se é possível uma tal interpretação do artigo 483.º, n.º 2[84].

---

[83] Cumpre referir que, por efeito do artigo 111.º do Regime Geral das Instituições de Crédito e Sociedades Financeiras, é obrigatório o registo no Banco de Portugal dos acordos parassociais de voto, sob pena de ineficácia. Sobre o ponto, interroga-se MARIA DA GRAÇA TRIGO, *Acordos Parassociais – Síntese das questões jurídicas mais relevantes*, *in Problemas do Direito das Sociedades*, AAVV, Almedina, Coimbra, 2002, p. 179, se tal significa que os acordos passam a ter, com o registo, uma eficácia perante terceiros, para concluir pela negativa. O registo visa apenas permitir que o Banco de Portugal tome conhecimento de situações de exercício de influência ou mesmo de domínio. Também no âmbito do Direito dos Valores Mobiliários, por força do artigo 19.º do Código dos Valores Mobiliários, existe o dever de dar conhecimento à CMVM de situações de especial influência ou de domínio. RUI PINTO DUARTE, *O Controlo da Identidade dos Sócios das Instituições de Crédito e das Sociedades Financeiras*, *in Revista da Banca*, Lisboa, n.º 26 (Abril - Junho de 1993), pp. 85-86, detecta, sobre este ponto, algumas dificuldades: a primeira é a de saber quando é que um acordo é "relativo ao exercício do direito de voto", designadamente, quando os acordos não se refiram ao exercício do voto, mas para cujo cumprimento os sócios tenham de exercer o direito de voto, como, por exemplo, um acordo que fixe uma política de dividendos, ou se aqui são abrangidos os acordos entre os contitulares da participação social.

[84] JOSÉ A. ENGRÁCIA ANTUNES, *Os Grupos de Sociedades. Estrutura e Organização Jurídica da Empresa Plurissocietária*, *cit.*, pp. 351-352, nota 696, e pp. 499-502, opta por não dar resposta afirmativa ou negativa em abstracto, antes defendendo a necessidade de se averiguar os termos concretos de cada acordo de voto em causa para se saber se o votante se obrigou a actuar "por conta" da sociedade.

Fora deste âmbito fica o caso do exercício dos direitos de voto por quem não seja titular das acções. Como vimos e resulta da previsão do artigo 483.º, n.º 2, aquele que detém as acções *por conta* da sociedade é, efectivamente, seu titular. Portanto, trata-se aqui do exercício do direito de voto por quem é sócio, não havendo aqui um caso de interposição de pessoa no exercício do direito de voto, antes se referindo essa interposição à própria titularidade da participação social. A questão é, pois, a de saber se a vinculação a outrem no exercício do direito de voto é indício ou até elemento determinante de que a titularidade da participação a que são inerentes esses direitos de voto é exercida por conta de outrem.

Falamos, não de todo o tipo de acordos parassociais, mas de convenções de voto que importem vinculação do voto, isto é, uma restrição, para o titular do direito, à liberdade de votar na assembleia geral num qualquer sentido escolhido por ele. Porque estamos no âmbito do disposto no artigo 17.º, falamos de acordos de voto entre sócios, e não de outros acordos de voto, como a promessa de voto feita a um terceiro, o acordo entre o usufrutuário e o nu-proprietário, ou entre o devedor e o credor pignoratício, quanto ao exercício do voto inerente a essas acções[85].

As partes do acordo (que, por natureza, são pessoas que na sociedade têm legitimidade para exercer o direito de voto) asseguram, através deste, a uniformidade da sua actuação na assembleia geral, fixando previamente, no acordo, o sentido comum do voto, ou

---

[85] Cfr. RAÚL VENTURA, *Estudos Vários Sobre Sociedades Anónimas. Comentário ao Código das Sociedades Comerciais*, *cit.*, p. 13. Mas o facto de estarem excluídos do âmbito de aplicação do artigo 17.º os acordos celebrados entre um ou mais sócios e terceiros não significa que os mesmos sejam inválidos, mas apenas que a sua validade não depende do n.º n.º 1 do artigo 17.º. Note-se, ainda, que as convenções de voto não se confundem com as *instruções* de voto emitidas pelo accionista que constitui um mandatário para o representar na assembleia geral dos sócios. *Idem*, *ibidem*, p. 28.

mandatando uma das partes para emitir na assembleia o voto correspondente a todas as acções das partes do acordo[86].

Importa, antes do mais, traçar algumas distinções, para melhor compreendermos os contornos dos acordos de voto. É, pois, útil distinguir, quanto à estrutura interna dos acordos, entre os acordos de estrutura comutativa e acordos de estrutura associativa ou sindical, sendo estes últimos contratos plurilaterais, através dos quais se prossegue um fim comum a todas as partes[87]. Entendemos, assim[88], preferível reservar a expressão *sindicatos de voto* para algumas modalidades de acordos de voto, em particular aquelas em que, de forma duradoura, os accionistas se agrupam para o exercício do direito de voto.

O *acordo ou sindicato de maioria* será aquele pelo qual os sócios se agrupam com o intuito de alcançar, em conjunto, a maioria necessária para ser tomada a deliberação por eles pretendida. Serão *sindicatos de minoria, de defesa ou bloqueio* aqueles pelos quais os sócios pretendem evitar que seja tomada uma deliberação para a qual a lei ou o contrato exijam uma maioria qualificada. Os sindicatos de maioria seriam, pois, um instrumento de domínio conjunto, ao passo que não o seriam os sindicatos de bloqueio ou defesa.

Será também importante distinguir os acordos que se destinam a vigorar por um lato período de tempo ou por tempo indeterminado[89], dos que se destinam a uma assembleia geral pontual. Mais relevante

---

[86] Cfr. VASCO DA GAMA LOBO XAVIER, *A validade dos sindicatos de voto no direito português constituído e constituendo, in Revista da Ordem dos Advogados*, Lisboa, Ano 45, Dezembro de 1985, p. 641.

[87] Cfr. MARIA DA GRAÇA TRIGO, *op. cit.*, p. 171.

[88] Com RAÚL VENTURA, *Estudos Vários Sobre Sociedades Anónimas. Comentário ao Código das Sociedades Comerciais*, *cit.*, p. 31.

[89] Sem prejuízo das naturais causas de caducidade do acordo, como a extinção da sociedade e a perda da qualidade de sócio, terminando neste caso o acordo relativamente apenas a este sócio.

ainda será saber qual o modo como no acordo é regulada a formação do sentido do voto e a forma de emissão do voto, se por cada um dos sócios, se por um representante comum, e, bem assim, saber se é atribuída a uma única sociedade (sócia) o direito de decidir sobre o sentido do voto, tudo se passando como se fosse esta sociedade a titular dos direitos de voto dos outorgantes do acordo parassocial[90].

Vejamos agora até que ponto pode ir a obrigação de voto, para saber se faz sentido falar em votar *por conta de outrem*[91], em

---

[90] Importa ainda referir a possibilidade de um sócio se vincular apenas com parte das suas acções no acordo de voto que celebre. Este acordo levanta o problema do voto divergente, proibido pelo artigo 385.º, n.º 1. Neste ponto, JORGE HENRIQUE DA CRUZ PINTO FURTADO, *Deliberações de Sociedades Comerciais*, *cit.*, p. 107, pergunta-se se não deveriam ter sido consagrados outros casos de voto divergente, dando o exemplo do sócio que vincula apenas parte das suas acções a um sindicato de voto. Diga-se, em primeiro lugar, que não nos parece que no n.º 3 do artigo 385.º sejam consagradas verdadeiros casos de voto divergente e, portanto, verdadeiras *excepções*. São casos duvidosos que a lei quis explicitar, mas nenhum deles, em nossa opinião, consubstancia um verdadeiro caso de voto divergente. Em segundo lugar, entendemos que não devia ser aberta a hipótese ao voto divergente no caso dos acordos de voto de parte das acções. É que abrir uma excepção como essa seria negar o princípio da unidade do voto, caso em que mais valeria abolir a regra por completo, pois que então não se compreenderia porque é que só os sócios que se vinculassem por um acordo de voto é que poderiam divergir na emissão do seu voto. À luz do regime vigente, se nada impede que o sócio se vincule, mediante acordo de voto, a votar em certo sentido apenas com uma parte das suas acções, o certo é que o resultado prático é igual àquele que se verificaria se se tivesse vinculado com todas as suas acções, por força do disposto no artigo 385.º, n.º 1. O accionista terá de votar com todas as acções no mesmo sentido. Ou escolhe respeitar o acordo ou escolhe não o respeitar, mas a opção terá de ser tomada relativamente a todas as acções. Cfr., neste sentido, RAÚL VENTURA, *Estudos Vários Sobre Sociedades Anónimas. Comentário ao Código das Sociedades Comerciais*, *cit.*, p. 45. Defendendo a aplicabilidade do artigo 385.º, n.º 3, às acções detidas fiduciariamente por instituições financeiras ou fundos, veja-se PEDRO PAIS DE VASCONCELOS, *op. cit.*, p. 130.

[91] Não se trataria aqui, como já referimos, de votar *por conta* de outrem no sentido de os efeitos jurídicos do voto serem destinados a outrem. É que os efeitos do voto do sócio destinam-se, inevitavelmente, e antes do mais, ao votante, pois

termos tais que determinem que a própria participação social é detida *por conta de outrem.*

Começamos por afirmar que o direito de voto é intransmissível sem a transmissão da acção, ao contrário do que sucede, por exemplo, com o direito a quinhoar nos lucros, que é transmissível separadamente[92].

Não sendo o voto transmissível em separado, nada impede que sobre o seu exercício recaiam obrigações, a que se tenha sujeitado o respectivo titular. Mas até que ponto pode o sócio vincular-se a outrem no exercício do seu direito de voto?

A primeira resposta surge logo no próprio artigo 17.º, n.º 3, alínea c), que proíbe a chamada "venda do voto", por se tratar de uma vinculação que seria indesejavelmente próxima da venda pura do direito de voto, destacado da acção. Será, assim, proibida a vinculação sobre o exercício do direito de voto em contrapartida de vantagens especiais, sendo exigido um nexo causal entre a obrigação de

---

que é ele quem é sócio. Assim, e ainda que consideremos que a entidade perante a qual o votante se vincula também é sócia (pois que falamos de acordos parassociais), parece-nos que os efeitos jurídicos do voto vinculado não deixam de se destinar à esfera jurídica do vinculado. Poder-se-á dizer que o sócio vinculado pelo acordo parassocial vota *no interesse* de outrem, cumprindo um dever e satisfazendo um direito dessa outra pessoa a esse voto.

92 Cfr. RAÚL VENTURA, *Estudos Vários Sobre Sociedades Anónimas. Comentário ao Código das Sociedades Comerciais, cit.*, pp. 57-59. O autor fundamenta a intransmissibilidade do direito de voto separadamente da acção no próprio conceito de contrato de sociedade: "*O cerne do status de sócio reside no exercício em comum de uma actividade económica; para que o exercício seja comum é necessário que todos os sócios nela participem e, nos esquemas das actuais sociedades, essa participação consiste primacialmente no exercício do direito de voto. Quem transmitisse a outrem o seu direito de voto deixaria de exercer a actividade em comum, embora porventura mantivesse outros direitos inerentes à quota, como os direitos patrimoniais. Mas esses outros direitos são todos derivados do exercício em comum e não se justificariam depois de o transmitente do direito de voto deixar de exercer actividade comum.*".

voto assumida e a vantagem especial, para que o acordo seja nulo. Essencial é que a obrigação quanto ao voto tenha causa na vantagem especial[93], seja esta em dinheiro ou de qualquer outra natureza, e seja ela destinada ao sócio votante ou a terceiro indicado por este.

São também ilícitos, segundo o que dispõem as alíneas a) e b) do n.º 3 do artigo 17.º, os acordos pelos quais o sócio se obrigue a votar seguindo sempre as instruções da sociedade ou de um dos seus órgãos, ou aprovando sempre as propostas feitas por estes. Estes são acordos que retiram por completo ao sócio a liberdade de determinação do sentido do voto, em favor da própria sociedade, cujo poder se substituiria ao do sócio na assembleia geral sociedade.

E se o sócio se obrigar a seguir *sempre* as instruções de um outro sócio ou terceiro, ou a aprovar *sempre* as propostas feitas por um outro sócio?

RAÚL VENTURA[94], segundo um critério que nos parece ser o acertado, considera ilícitos os acordos que retirem completamente ao accionista o poder de participar na formação da orientação do sentido do voto. É que estes acordos tenderiam a obter os mesmos efeitos da cessão de voto: o efeito de a orientação do voto passar a pertencer a pessoa diversa do titular do direito. Estarão, assim, condenados os acordos pelos quais um accionista se obriga a votar no sentido que for determinado *exclusivamente* por outro accionista ou por terceiro. Com efeito, se o sócio não pode obrigar-se a votar aprovando sempre as propostas feitas pela sociedade ou por um dos seus órgãos ou seguindo sempre as instruções destes, também não pode obrigar-se a seguir sempre as instruções ou a votar sempre no sentido que for determinado por terceira entidade.

---

93 Assim, *idem*, *ibidem*, pp. 78-79.

94 *Ibidem*, pp. 87-88.

Significa este entendimento que o mandato representativo irrevogável para votar[95] consubstancia um acordo de alienação do voto? A resposta é negativa. E não com base no argumento de que o mandato sempre poderia ser revogado com justa causa (pois que ainda nesse caso o sócio sempre ficaria dependente da ocorrência de justa causa para revogar o mandato), mas com base no facto de o mandante conservar sempre a faculdade de praticar pessoalmente o acto para que constituiu mandatário[96]. O mandato irrevogável só implicaria o afastamento total do direito de voto da esfera do mandante se este mandato fosse acompanhado de convenção segundo a qual o sócio se obrigasse a não votar pessoalmente. E, note-se ainda, como o mandatário tem por definição o dever de seguir as instruções do mandante[97], o voto só seria totalmente afastado se o mandato fosse ainda acompanhado de convenção que impedisse a emissão de instruções, ou desobrigasse o mandatário de seguir quaisquer instruções do mandante.

Traçados os limites dentro dos quais pode um sócio obrigar-se perante outrem no exercício do direito de voto, pergunta-se de novo: o acordo de voto – ainda que o sócio se vincule sem que fique totalmente excluída a possibilidade de participar na formação do sentido do voto – tem por efeito indirecto a imputação da participação social desse sócio na esfera do sócio perante o qual o primeiro se vinculou a exercer o voto[98]?

---

[95] Sendo que o mandato só tem de ser revogável nos casos do artigo 381.º, podendo, nos restantes casos, ser irrevogável, pois que, se o Código das Sociedades Comerciais quisesse ter afastado as normas dos artigos 265.º, n.º 2, e 1170.º, n.º 2, do Código Civil, tê-lo-ia feito expressamente.

[96] Cfr., neste sentido, RAÚL VENTURA, *Estudos Vários Sobre Sociedades Anónimas. Comentário ao Código das Sociedades Comerciais, cit.*, p. 91.

[97] Cfr. o artigo 1161.º, n.º 1, alínea a), do Código Civil.

[98] Não se trataria aqui de um caso de cisão de direitos sociais, pois, como nota MARGARIDA COSTA ANDRADE, *A Incindibilidade da Participação Social nas Sociedades Anónimas*, in *Estudos em Comemoração do 10.º Aniversário da Licen-*

Note-se que a equiparação estatuída pelo artigo 483.º, n.º 2, seria sempre um efeito indirecto do acordo de voto, porque não seria um dos efeitos directamente pretendidos pelas partes ao celebrarem o acordo, sendo antes um efeito que a lei retiraria da simples existência de tal acordo[99]. Efeitos indirectos dos acordos de voto são, por exemplo[100], os previstos no artigo 83.º, que estabelece a responsabilidade solidária do sócio que tenha o direito de eleger ou de destituir titulares de órgãos sociais, pelo número de votos de que dispõe, por si só ou por outros a quem esteja ligado por acordos parassociais. Tais votos são, para este efeito legal, contados como se só àquele sócio pertencessem.

A resposta à pergunta colocada deve partir da consideração dos pressupostos de que dependeria uma resposta afirmativa. Imputar as participações detidas por sócios outorgantes de um acordo de voto celebrado com outro sócio à esfera jurídica deste pressuporia as seguintes duas afirmações: que a titularidade de uma participação social se esgota, no seu essencial, e pelo menos para os efeitos previstos no artigo 483.º, n.º 2, no exercício do direito de voto que lhe é inerente; e que o voto estaria totalmente vinculado à sociedade, sem que o sócio votante interferisse ou pudesse de algum modo interferir na determinação do seu sentido.

Vimos já que a segunda afirmação não pode ser proferida, de acordo com o que acima se disse quanto à ilicitude deste tipo de acordos. E a primeira afirmação não é verdadeira.

Com efeito, se se pode afirmar que um sócio, vinculado por um acordo de voto, exerce o seu voto no interesse, ou em benefício da

---

ciatura em Direito da Universidade do Minho, Coordenação de António Cândido de Oliveira, Almedina, Coimbra, 2004, p. 501, não haveria neste caso uma distribuição dos direitos sociais por diferentes titulares, característica essencial da cisão da participação social. É ainda o sócio aquele que exerce o direito de voto.

[99] Cfr. RAÚL VENTURA, *Estudos Vários Sobre Sociedades Anónimas. Comentário ao Código das Sociedades Comerciais, cit.*, p. 38.

[100] *Idem, ibidem*, p. 40.

sociedade com a qual celebrou o acordo de voto (tendo em conta, por hipótese, que essa sociedade é maioritária relativamente aos sócios outorgantes do acordo e que tem, por isso, o poder de determinar o sentido do voto, se este for determinado por maioria dos membros do sindicato), já não nos parece que se possa afirmar que aquele sócio é, por ter celebrado tal acordo de voto, *titular das acções por conta* da referida sociedade.

É que o direito de voto é apenas um dos direitos sociais inerentes à participação social, não esgotando a posição jurídica subjectiva em que consiste a participação social. O que nos leva a afirmar que as acções são detidas pelo seu titular por sua própria conta[101]. Com efeito, a vinculação perante outrem, mais ou menos intensa, do exercício do direito de voto não implica, sem mais, que os efeitos jurídicos da titularidade da participação social sejam destinados à esfera jurídica de outrem. Nem significa que a expressão económica daqueles efeitos jurídicos sejam destinados à esfera de outrem. E, não sendo tais efeitos destinados a projectar-se na esfera de outrem, a participação é detida por conta própria.

Mas mais: a nossa lei distinguiu com clareza as participações de capital dos direitos de voto.

Optou, regra geral, por estabelecer limiares definidos através de percentagens de capital e não de percentagens de voto. E onde o voto se afigura relevante – na averiguação das situações de domínio – a lei estabeleceu, ao lado da presunção baseada na maioria de capital, uma presunção baseada na maioria dos direitos de voto. Por isso, não nos parece que o voto, por si só, seja relevante para o

[101] Não consideramos aqui os casos em que o acordo de voto surge acompanhado da alienação de outros direitos sociais, caso em que seria possível considerar-se que a participação era detida por conta de outrem, considerando que a expressão económica da participação seria destinada a outrem. O que ponderámos neste ponto foi a possibilidade de o acordo de voto consubstanciar, *por si só*, um veículo de participação indirecta.

cômputo das participações intersocietárias em geral, directas ou indirectas.

Assim, se estes acordos podem ser relevantes – e são-no, em nossa opinião – para o cômputo da maioria dos votos, designadamente, para o preenchimento da presunção da alínea b) do n.º 2 do artigo 486.º, os mesmos já não serão relevantes para o cômputo da participação intersocietária em geral, seja de domínio ou não. É que a clareza das normas, que sem dúvida distinguem a participação social, em si mesma considerada, dos direitos de voto, seria obstruída se tentássemos sistematicamente fazer entrar no conceito de participação social critérios relativos ao cômputo dos direitos de voto. E nem o facto de se considerar que a lei devia ter-se centrado, ao estabelecer os seus limiares, nos direitos de voto e não nas participações sociais justifica a instalação da confusão dos dois conceitos, quando a lei não os confunde.

Entendemos, assim, ser de excluir do leque das modalidades de participação indirecta a participação detida por quem tenha celebrado um acordo de voto com a sociedade e a ela se tenha vinculado no exercício do voto[102], sendo esta a solução que vai mais ao encontro da *ratio* das soluções que a lei foi estabelecendo no regime das sociedades coligadas.

---

[102] Contra parece ser a opinião de CARLOS OSÓRIO DE CASTRO, *A Imputação de Direitos de Voto no Código dos Valores Mobiliários*, *cit.*, pp. 174-175. Ao tratar do conceito de relação de domínio estabelecido no artigo 21.º, n.os 1 e 2, do Código dos Valores Mobiliários, confrontando-o com o conceito que resulta do artigo 486.º do Código das Sociedades Comerciais, o autor lembra que *as acções integrantes da participação instrumento do domínio* não têm de ser próprias da empresa dominante, bastando que se situem na órbita de influência desta, o que sucederá nos casos previstos no artigo 483.º, n.º 2, do Código das Sociedades Comerciais, designadamente, se pertencerem a uma sociedade dependente ou forem objecto de particulares relações contratuais, referindo-se aqui o autor ao negócio fiduciário e ao *acordo de voto*, isto é, especifica o autor, ao contrato pelo qual os titulares dos valores se obrigam a acatar as instruções da empresa dominante em matéria do exercício do direito de voto.

20. *C*) Negócio fiduciário

O negócio fiduciário é aquele pelo qual se atribui a outrem (o fiduciário) a plena titularidade de um direito obrigando-se este a exercê-lo no interesse de outrem[103].

No negócio fiduciário há dois elementos essenciais[104]: um externo e de carácter real, que consiste na transmissão, pelo fiduciante, de um direito patrimonial à pessoa do fiduciário, um domínio sobre a coisa que lhe é confiada, transmissão que implica confiança e risco por parte do fiduciante; e um interno, de carácter obrigacional, que consiste em limitar o exercício desse direito em vista de ele se destinar a servir o interesse do fiduciante, elemento este que se destina a tutelar e garantir o risco decorrente da transmissão do direito real. O fiduciário fica numa posição destinada à defesa de interesses alheios.

O negócio fiduciário[105] é, assim, um negócio pelo qual se atribui ao fiduciário uma posição jurídica mais forte que a exigida pelo objectivo económico visado pelas partes. Utiliza-se um negócio mais forte para atingir um escopo económico mais fraco. Por exemplo, transmite-se a propriedade para obter um resultado que não exigiria essa transferência. O principal problema neste tipo de negócios, como facilmente se antevê, é o de a relação interna, por ser puramente obrigacional, não ser oponível a terceiros[106].

---

[103] fr. *idem, ibidem*, p. 171.

[104] Cfr. EMILIO BETTI, *Teoria Geral do Negócio Jurídico,* Tomo II, tradução de Fernando de Miranda, 1.ª Edição, Coimbra Editora, Coimbra, 1969, p. 219.

[105] Cfr. MARIA JOÃO CARREIRO VAZ TOMÉ / DIOGO LEITE DE CAMPOS, *A Propriedade Fiduciária (Trust). Estudo para a sua consagração no Direito Português*, Livraria Almedina, Coimbra, 1999, P. 200.

[106] Cfr. EMILIO BETTI, *Teoria Geral do Negócio Jurídico,* Tomo II, *cit.*, pp. 225-226. O autor afirma que o fenómeno não apresenta maiores dificuldades do que aquele que ocorre na abstracção da obrigação cartular entre contraentes imediatos, cuja causa não actua em relação a terceiros.

O recurso aos negócios fiduciários, com os riscos e problemas que envolve, tem sido a solução encontrada pelos sistemas de direito continental para alcançar, em muitos casos, fins semelhantes aos prosseguidos pelo *trust*[107], figura da *common law* que não existe,

[107] Em traços gerais, pode afirmar-se que pelo *trust*, o *settlor* (o disponente) transfere a propriedade dos seus bens para o *trustee*, que se vincula a exercer e a administrar o direito de propriedade fiduciária no interesse de um terceiro beneficiário. O *trust* caracteriza-se por ser um mecanismo de administração de bens que separa a propriedade do respectivo gozo (Cfr. MARIA JOÃO CARREIRO VAZ TOMÉ / DIOGO LEITE DE CAMPOS, *op. cit.*, pp. 168 e seguintes), sendo uma figura que se situa entre os direitos reais e o direito das obrigações, sem que pertença exclusivamente a nenhum dos dois ramos. A doutrina configura a propriedade fiduciária como tendo uma natureza quase-real. O *trust* é criado por acto constitutivo do *settlor*. Por este acto, a propriedade de um bem é transmitida ao *trustee* (que passa assim a ser o *legal owner*), com o encargo de administrá-la segundo as instruções constantes daquele acto constitutivo, em benefício de um terceiro, beneficiário cujo direito não se limita a ser um direito de crédito, revestindo também natureza real (sendo o beneficiário o *equitable owner*). O *settlor* não celebra, assim, nenhum contrato com o *trustee*, pelo que a aceitação, por parte deste, da respectiva função, não corresponde à aceitação de uma proposta contratual. O acto constitutivo do *trust* é antes qualificado como um negócio jurídico unilateral. Esta qualificação não impede que existam, com frequência, acordos entre o *settlor* e o *trustee* contendo instruções relativas à administração dos bens. Quanto à posição jurídica do beneficiário (*idem*, *ibidem*, pp. 137 e seguintes), a doutrina discute se a mesma revestirá natureza real ou obrigacional, muitas vezes optando por uma qualificação híbrida. Quem defende a tese da natureza obrigacional sustenta que o direito do beneficiário não é oponível *erga omnes*, uma vez que não é oponível a terceiros de boa fé que adquiram a título oneroso o objecto do direito do beneficiário. Argumenta-se ainda com a impossibilidade de duas pessoas (o *trustee* e o beneficiário) serem simultaneamente proprietárias da mesma coisa, por inteiro. Para além disso, os deveres do *trustee* perante o beneficiário são deveres *de facto positivo* e não de abstenção, como o seriam os deveres de terceiros em face do direito de propriedade de outrem (donde se veria que o beneficiário não é verdadeiramente proprietário dos bens em *trust*). Do outro lado, os defensores da natureza real do direito do beneficiário alegam que aquela inoponibilidade ao terceiro adquirente de boa fé se verifica igualmente em casos em que o direito transmitido é pacificamente qualificado como real. Afirmam, ainda, não existir qualquer óbice a que o *legal owner* (o *trustee*) de uma coisa seja pessoa diferente

pelo menos nos seus exactos contornos, no nosso ordenamento jurídico[108].

---

da do seu *equitable owner* (o beneficiário). Mais, que o *trustee* não tem apenas deveres de facto positivo perante o terceiro, sendo também sujeito de deveres de facto negativo. É, assim, o conteúdo da posição jurídica do beneficiário que limita os poderes do *trustee*, de modo a que este só os possa exercer licitamente para cumprir as suas obrigações perante o beneficiário, ficando, assim, os direitos do *trustee*, isto é, o direito de propriedade, funcionalizado à prossecução de um determinado fim e limitado por este.

[108] Nos países de direito continental, dada a tipicidade dos direitos reais e as dificuldades levantadas pela configuração do *trust* no que toca ao direito de propriedade, as relações fiduciárias que têm sido desenvolvidas, se bem que por vezes próximas do *trust*, apresentam características bem diferentes e surgem de um modo bem menos genérico que a figura do *trust*. Este, na sua configuração comum, depara-se, nos sistemas de direito continental com diversos obstáculos (*ibidem*, pp. 277 e seguintes). Com efeito, se se poderia pensar que o *trust*, mesmo não previsto expressamente na nossa legislação, sempre seria admissível em virtude do princípio geral da autonomia privada, tal não é o que sucede, em primeiro lugar, em virtude da teoria da unidade dos direitos reais. É que os poderes ínsitos no direito de propriedade (dispor, administrar, gozar), aparecem, no *trust*, repartidos por pessoas diferentes. O *trustee* tem o direito de administração e disposição mas não tem o uso nem o gozo económico do bem, nem o poder de o destruir. Não tem o *usus*, o *fructus*, nem o *abusus*. Esse gozo é atribuído ao beneficiário. O *trust* é, assim, a divisão da titularidade: de um lado, a titularidade em forma ou titularidade jurídica, do outro, a titularidade em substância. A questão que se coloca é a de saber se, considerando a unidade do direito de propriedade (propriedade autónoma e indivisível), é este susceptível de ser assim repartido, por força da liberdade contratual. A resposta é negativa. O artigo 1305.º do Código Civil afigura-se contrário à dualidade da propriedade, característica essencial do *trust*. O *trust* só seria, no nosso direito, concebível se o *trustee* fosse o verdadeiro e único proprietário e o beneficiário um mero credor do *trustee*. Mas, ainda assim, o direito real do *trustee*, sem o direito de gozo do bem e com poderes de disposição mais limitados que os de um proprietário normal, não encontraria plena correspondência no direito de propriedade. É que o *settlor* não pretende transmitir a propriedade, com todos os direitos que lhe são inerentes, ao *trustee*. Esse não é o fim, é o meio. Transfere a propriedade apenas como meio de produzir certos efeitos, que nunca se verificariam se a propriedade desses bens permanecesse na esfera jurídica do *settlor*. A posição de titularidade real do *trustee* encontra-se, assim, incindível e funcional-

Se fosse admissível o *trust* no nosso ordenamento, a figura seria susceptível de configurar uma modalidade de participação indirecta, cabendo na previsão do n.º 2 do artigo 483.º. Com efeito, e dependendo do tipo de *trust* que estivesse em causa, o *trustee*, proprietário da participação social, poderia ser qualificado como interposta pessoa, quando se verificasse que os efeitos dessa titularidade fossem destinados a outrem[109].

---

mente ligada ao cumprimento de um feixe de obrigações com vista à realização do interesse do *settlor*, o que não parece ser possível na configuração do direito de propriedade português. E se o direito do *trustee* não encontraria correspondência total no direito de propriedade português, não seria possível criar um direito real a que correspondessem plenamente as faculdades e limites do *trustee*, dado o *numerus clausus* dos direitos reais decorrente, para o nosso direito, do artigo 1306.º, n.º 1, do Código Civil.

[109] Cfr., sobre este ponto, ALBERTO LUPOI, *op. cit.*, pp. 1180-1182. O autor salienta o facto de o *trustee* poder ter uma tal diversidade de direitos que torne impossível qualificar a detenção da participação social em regime de *trust* como sendo detida através de interposta pessoa. Tudo dependerá do tipo de *trust* em causa. Num extremo estaria, por exemplo, o *bare trust* (ou *trust* nu) em que, se pode dizer-se que o *trustee* é formalmente o proprietário das acções ou quota, ele tem de exercer o seu direito de voto em conformidade com o que tiver sido determinado pelo disponente. Se houver ainda uma cláusula segundo a qual o disponente possa pôr fim ao *trust* por sua vontade, voltando a ser titular da participação social, então este *trustee* é sem dúvida uma interposta pessoa. Num outro extremo estaria um *trust* em que o *trustee* tem um largo conjunto de direitos, detendo, por exemplo, uma partcipação de controlo, o *trust* é irrevogável e o *trustee* tem o direito de voto. E aqui deve precisar-se: não só tem o direito de voto (pois que esse não seria o critério determinante, já que o mandatário também tem o direito de voto), mas não tem de exercê-lo por conta e no interesse do disponente. Há, pois, aqui uma quebra no elo de ligação entre o disponente e o *trustee*. Este exerce o direito de voto de acordo com a finalidade enunciada no acto constitutivo do *trust* (em regra, orientações e linhas gerais), mas não segundo instruções permanentes do disponente. Num caso como este, o disponente não pode emitir instruções vinculantes relativamente ao direito de voto inerente à participação em *trust*. Nestes casos, o *trustee* tem um elevado grau de discricionaridade no exercício do direito de voto no interesse do beneficiário. E se, por um lado, podemos dizer que, ao fim e ao cabo, foi o disponente que estabeleceu as regras e as tais linhas orientadoras,

Debruçando-nos sobre a previsão do artigo 483.º, n.º 2, e confrontando-a com as características do negócio fiduciário, cabe averiguar se e em que termos um negócio deste género poderia consubstanciar uma forma de participação indirecta. Vejamos:

No negócio fiduciário há uma verdadeira transferência da propriedade para o fiduciário, através de um contrato real de conteúdo positivo, combinada com um contrato obrigacional de conteúdo negativo, que acarreta a obrigação de o fiduciário exercer esse direito de determinado modo e não de outro, para depois o retransferir ao fiduciante ou a terceiro[110]. Como se vê, e como é característico destes negócios, os meios excedem os fins, pelo que estes negócios não se adequam exactamente ao fim pretendido[111].

---

sempre podemos dizer que, neste exemplo, a partir do momento da constituição do *trust*, o disponente deixa de ter qualquer poder sobre a actuação do *trustee*, no que respeite à concretização e ordens específicas. Este *trust* não entraria na categoria de interposta pessoa. Assim, se o *trustee* detém uma participação de controlo sobre outra sociedade, essa participação não seria imputada ao disponente. Parece-nos ser aqui de colocar a questão se saber se a participação não poderia, em casos como este, ser imputada na esfera jurídica do beneficiário, quando este não seja o próprio *settlor*, a pessoa por conta de quem, é detida a participação social, no sentido de ser o beneficiário o destinatário, senão dos efeitos jurídicos da titularidade da participação, pelo menos da expressão económica de tais efeitos.

[110] Cfr. MARIA JOÃO CARREIRO VAZ TOMÉ / DIOGO LEITE DE CAMPOS, *op. cit.*, p. 300.

[111] Um negócio fiduciário com consagração expressa no nosso direito é o da substituição fideicomissária, figura do direito das sucessões, que consiste numa convenção testamentária pela qual o testador impõe ao herdeiro instituído ou ao legatário nomeado (fiduciário) o encargo de conservar a herança ou o legado, para que revertam, por morte destes, a favor de outrem, o chamado fideicomissário (artigo 2286.º do Código Civil). Sobre este negócio, cfr. RABINDRANATH CAPELO DE SOUSA, *Lições de Direito das Sucessões*, Volume I, 4.ª Edição Renovada, Coimbra Editora, Coimbra, 2000, pp. 220 e seguintes. A substituição fideicomissária tem por efeito retirar ao herdeiro onerado o poder de disposição *mortis causa* sobre os bens fiduciados. O fiduciário é o proprietário (temporário, ainda que vitalício) dos bens, e não o beneficiário, que é titular de uma mera expectativa sucessória e não de um direito real.

Diz-se que os meios excedem os fins exactamente porque a transmissão da propriedade ultrapassa aquilo que era pretendido pelo fiduciante e comporta o risco, também desproporcional ao escopo do negócio, inerente ao facto de passar a ser o administrador fiduciário o único titular do direito de propriedade, podendo transmiti-lo ou celebrar negócios sobre ele. Isto porque os limites impostos ao exercício, pelo fiduciário das faculdades contidas no direito de propriedade o são através de um vínculo meramente obrigacional. Por outro lado, o beneficiário tem um direito de crédito sobre o fiduciário, que tem por objecto os rendimentos da fidúcia, não sendo, por isso mais que um simples credor.

Não sendo genericamente admitida, no nosso ordenamento, a transmissão da propriedade por um período de tempo limitado[112], diga-se que a obrigação de retransmissão da propriedade pelo fiduciário sempre poderá criar-se através da celebração (porventura em simultâneo com a transmissão da propriedade para o fiduciário) de um contrato-promessa nos termos do qual o fiduciário se obrigue a vender ou a doar a coisa ao fiduciante ou a terceiro, e ao qual pode ser atribuída, ao abrigo do disposto no artigo 413.º do Código Civil, eficácia real. Pode ainda o carácter temporário da propriedade transmitida ser alcançado através da inserção de uma condição resolutiva no contrato pelo qual é transmitida a propriedade do bem para o fiduciante.

Quanto ao modo de exercício do direito de propriedade, parece-nos não poder haver aqui vínculos de outra natureza que não a obrigacional. Estabelece-se, assim, um *pactum fiduciae*, segundo o qual o adquirente se obriga a só exercer o seu direito em vista de certa finalidade[113]. Mas acaba por ser inevitavelmente atribuída ao

---

[112] Segundo o artigo 1307.º, n.º 2, do Código Civil, a propriedade temporária apenas é admitida nos casos previstos na lei.

fiduciário uma posição jurídica cuja amplitude ultrapassa o normalmente necessário para se atingir o fim em vista.

A doutrina discute a admissibilidade do negócio fiduciário no sistema jurídico português[114], cuja maior dificuldade será a da causa da transmissão da propriedade do fiduciante para o fiduciário, uma vez que a nossa lei não prevê, ao lado da venda ou da doação, a *fiduciae causa*. Por esse motivo, MANUEL A. DOMIGUES DE ANDRADE[115] considera inadmissíveis estes negócios, porquanto no nosso direito não há (com a excepção dos títulos de crédito) negócios translativos abstractos, sendo apenas lícitos os negócios translativos causais. Toda a transmissão integra a sua causa, inseparável dela, e a consideração da causa tem implicações com o efeito próprio da transmissão (isto é, com a nova titularidade que ela tende a produzir). Não há, assim, transmissões puras e simples, mas a transmissão venditória, donatória, mutuária, solutória. A isto sempre se poderia responder que a transmissão da propriedade no negócio fiduciário não seria desprovida de causa, sendo antes uma transmissão *fiduciae causa*. A questão que então se coloca é a de saber se a tipicidade dos direitos reais implica a tipicidade dos modos de transmissão dos mesmos. O autor, com a doutrina tradicional afirma esta tipicidade dos modos de transmissão da propriedade e dos outros direitos reais, afirmação que leva a que, não havendo texto legal permitindo a transmissão *fiduciae causa*, esta não seja permitida. As partes teriam, assim, conclui o autor citado, de recorrer à simulação, fingindo celebrar um dos negócios translativos previstos na lei

---

113 Cfr. MANUEL A. DOMINGUES DE ANDRADE, *Teoria Geral da Relação Jurídica*, Vol. II, Livraria Almedina, Coimbra, 1960, p. 175. Daí nome de negócio *fiduciário*, pois aquela cláusula importa, em dado sentido, a confiança do autor da transmissão em que o adquirente só usará da sua posição segundo o escopo visado.

114 Veja-se *idem*, *ibidem* pp. 177-179.

115 *Ibidem*.

(a venda ou a doação, por exemplo), para conseguir os objectivos do negócio fiduciário[116].

Parece-nos, de facto, que, no nosso ordenamento jurídico, a transmissão da propriedade do fiduciante para o fiduciário terá de ter origem numa das causas previstas na lei, sendo conseguida através de uma venda ou doação.

No entanto, já não nos parece tão certo que, se as partes celebrarem uma venda pela qual o fiduciante declara transmitir a propriedade em troca de determinado preço, que o fiduciante efectivamente recebe, ou se as partes celebrarem um contrato de doação pela qual o fiduciante declara igualmente transmitir a propriedade do bem para o fiduciário, não vemos que tais contratos possam ser considerados simulados pelo simples facto de serem acompanhados de outros contratos tendentes a aproximar este negócio de um negócio fiduciário. A não ser que, de facto, as partes actuem no intuito de enganar terceiros, designadamente, os credores do fiduciante. Mas fora deste caso, que constituirá simulação, o que nos parece é que as partes têm a liberdade contratual de circundar o contrato de doação ou de compra e venda com outros vínculos obrigacionais, e mesmo de celebrar em simultâneo um contrato-promessa com eficácia real pelo qual o fiduciário se obrigue a vender o bem. Até porque, se forem bens sujeitos a registo, quer a propriedade quer a eficácia real da promessa ficarão espelhados no registo do bem e, se é certo que os vínculos obrigacionais entre as partes não constarão do registo, certo é também que os terceiros de boa fé não serão prejudicados por tais obrigações, que não lhes são oponíveis.

---

[116] Contra, MARIA JOÃO CARREIRO VAZ TOMÉ / DIOGO LEITE DE CAMPOS, *op. cit.*, pp. 243-244, que consideram que as partes podem celebrar negócios com eficácia real atípicos, sendo a *causa fiduciae* lícita por força do princípio da liberdade contratual consagrado no artigo 405.º do Código Civil. O efeito obrigacional seria a causa justificativa do direito real.

Assim, entendemos que, não sendo o negócio fiduciário previsto como tal no nosso sistema, nada impede que, através de negócios translativos da propriedade acompanhados dos negócios obrigacionais que as partes tenham capacidade para conceber, no âmbito da sua liberdade de contratar e nos limites do sistema jurídico em que se inserem, sejam celebrados negócios que, compostos, não por um contrato, mas porventura por uma união de contratos, consubstanciem verdadeiros negócios fiduciários.

Posto isto, parece-nos ser de enquadrar no âmbito da previsão do artigo 483.º, n.º 2, para o efeito da equiparação aí prevista, o caso em que uma sociedade transmita a uma pessoa singular ou colectiva uma participação social, de que esta passará a ser proprietária, e em que simultaneamente celebre com ela um contrato estabelecendo o modo de exercício dos direitos inerentes a essa participação, designadamente, no que respeita ao exercício do direito de voto[117], estipulando-se ainda pertencer à sociedade o direito a quinhoar nos lucros, e obrigando-se o sócio a retransmitir-lhe a participação, decorrido determinado período[118]. Podem ainda estas estipulações ser estabelecidas a favor de um terceiro beneficiário, caso que veremos no ponto seguinte, mas em que já não nos parece ser de imputar na esfera jurídica da sociedade transmitente a titularidade da participação transmitida.

---

[117] Nos limites do referido *supra*, no ponto 19.

[118] Pode o contrato de reporte, sobretudo na modalidade prevista no artigo 478.º do Código Comercial, consubstanciar, também, uma modalidade de participação indirecta, se se concluir que o comprador revendedor actua por conta do primitivo vendedor. Tal contrato é, aliás, previsto no artigo 447.º, n.º 3.

21. *D*) Contrato a favor de terceiro

A figura do contrato a favor de terceiro surge, no nosso direito, regulada nos artigos 443.º a 451.º do Código Civil.

Poder-se-á começar por dizer, numa definição que resulta da conjugação dos n.ºs 1 e 2 do artigo 443.º do referido Código, que o contrato a favor de terceiro é o contrato pelo qual uma das partes se obriga perante a outra, que nisso tenha um interesse digno de protecção legal, a efectuar uma atribuição patrimonial em benefício de outrem, estranho ao negócio.

O contraente que assume a obrigação é designado pela lei por *promitente*, enquanto que o *promissário* é o contraente a quem a promessa é feita, sendo o *terceiro*, ou *beneficiário*, aquele que adquire a atribuição patrimonial.

Diga-se, para melhor compreensão da figura, que o contrato a favor de terceiro não é um tipo contratual. Sem que desta afirmação decorra, porém, que o contrato a favor de terceiro é um contrato atípico, por não corresponder a nenhum tipo contratual. A figura simplesmente não pode ser classificada no plano que distingue os contratos típicos dos atípicos, uma vez que, como refere JOSÉ DE OLIVEIRA ASCENSÃO[119], "[...] *o esquema legal do contrato em benefício de terceiro é, tal como o da cessão* [de créditos], *um esquema fragmentário, susceptível de ser utilizado numa pluralidade de negócios.*".

O contrato a favor de terceiro é um modelo de carácter geral susceptível de aplicação a uma série indefinida de tipos contratuais[120]. Tal não significa, porém, que o contrato a favor de terceiro, pela

[119] Cfr. JOSÉ DE OLIVEIRA ASCENÇÃO, *Direito Civil. Teoria Geral*, Vol. III, Coimbra Editora, Coimbra, 2002 p. 167.

[120] Cfr. ENRICO MOSCATI, *I rimedi contrattuali a favore dei terzi*, *in Rivista di Diritto Civile*, Anno XLIX, n.4 Luglio-Agosto 2003, Cedam, Padova, p. 363.

possibilidade de aplicação aos mais variados contratos, abstraia daquilo que lhe dá causa e se trate de uma situação jurídica abstracta. A existência de um contrato a favor de terceiro pressupõe uma relação jurídica subjacente. Tal como a lei deixa antever, no artigo 443.º, n.º 1, do Código Civil ao referir-se ao interesse do promissário, existe essa relação subjacente, tendo o contrato a favor de terceiro uma causa, determinada no negócio fundamental que lhe serve de base e que justifica a atribuição ao terceiro: "*Esse negócio fundamental pode ser uma liberalidade ou não ser: é o que resulta do art. 450/2. E nesse negócio fundamental encontra-se a causa da estipulação assumida em benefício de terceiro.*"[121].

O contrato a favor de terceiro traduz-se, em linhas gerais, num esquema pelo qual o promissário, através do promitente, realiza uma atribuição patrimonial indirecta ao beneficiário. O terceiro, não sendo embora parte, beneficia dessa atribuição patrimonial, adquirindo um imediato direito a ela perante o promitente.

Vejamos agora se este esquema contratual pode servir de veículo de detenção de uma participação indirecta, em termos de ser abrangido na previsão do artigo 483.º, n.º 2.

Pense-se no seguinte exemplo: a sociedade *A* vende à pessoa *B* uma participação social. Convenciona com esta que o preço da venda será pago, não a *A*, mas a *T*, uma terceira sociedade dependente de *A*, e que esse preço não será pago em dinheiro de uma só vez, antes sendo pago pelo exercício, por *B*, dos direitos inerentes à sua participação por conta de *T*.

Ora, se a expressão económica da titularidade daquela participação for destinada à sociedade *T*, se esta tiver o poder de dar instruções relativas ao direito de voto e o direito aos lucros, por exemplo (e note-se que *T*, enquanto terceiro beneficiário de um contrato a favor de terceiro teria, sobre *B*, um direito de crédito ao cumprimento

[121] José de Oliveira Ascenção, *op. cit.*, p. 167.

das obrigações desta), pode dizer-se que *B* seria titular da participação social por conta da sociedade *T*. Ora, não só a titularidade da participação seria, então, imputada à esfera jurídica de *T*, como seria também imputada à esfera de *A*, por dominar a sociedade *T*. Tudo nos termos do previsto no artigo 483.º, n.º 2.

22. *E*) Outros vínculos jurídicos

Alguma doutrina refere-se a este propósito ao contrato de agência, à mediação, à sub-rogação creditória[122], posto que o terceiro adquira ou seja titular das acções e que os efeitos do negócio se destinem à esfera da sociedade participante.

Relativamente à sub-rogação creditória, sendo certo que o substituto, se bem que no interesse próprio, celebra um negócio jurídico ou pratica um acto jurídico em nome próprio e cujos efeitos jurídicos se destinam e se projectam na esfera do substituído, parece-nos poder enquadrar-se na previsão do artigo 483.º, n.º 2, a situação em que um substituto do sócio se substitua a este no exercício dos seus direitos sociais.

Já as relações de agência e mediação, enquanto relações destinadas à angariação e preparação de outros negócios jurídicos, que não chegam a ser celebrados pelo agente, mas antes pelo principal, não devem, em nossa opinião, ser abrangidas pela previsão normativa do artigo 483.º, n.º 2. Se é certo que os agentes ou mediadores não agem no próprio interesse e são intermediários, que põem em contacto os futuros contraentes e colaboram nas negociações, não nos parece que estas características sejam suficientes para que tais relações consubstanciem, por si só, casos de interposição de pessoa.

---

[122] Cfr. José A. Engrácia Antunes, *Os Grupos de Sociedades. Estrutura e Organização Jurídica da Empresa Plurissocietária, cit.*, p. 351.

Autores há ainda que se referem à gestão de negócios[123]. Vejamos. Importa, em primeiro lugar, excluir deste domínio a gestão de negócios representativa, pelas razões *supra* apontadas. Centrando-nos na gestão não representativa, parece não haver dúvidas de que se trata de um caso de interposição de pessoa, porquanto o gestor actua em nome próprio mas por conta e no interesse alheios. Com efeito, não basta que a actividade do agente se destine a satisfazer um interesse alheio, preenchendo uma necessidade de outra pessoa. É preciso que ele aja *por conta de outrem*[124], ou seja, na intenção de transferir, imediata ou posteriormente, para a esfera jurídica de outrem os proveitos e encargos da sua intervenção, imputando-lhe os meios de que se serviu ou, pelo menos, os resultados obtidos[125]. E, enquanto que o mandato sem representação, sendo também um caso de interposição de pessoa, é uma interposição autorizada, já a gestão de negócios é um caso de interposição de pessoa não autorizada[126].

Não havendo representação, a ratificação[127] da gestão produzirá os mesmos efeitos que produziria um mandato sem representação. Se o *dominus* não ratificar a gestão, o negócio praticado pelo gestor

---

123 Cfr. ANTÓNIO MENEZES CORDEIRO, *op. cit.*, pp. 776-777.

124 Veja-se o artigo 464.º do Código Civil.

125 Assim, FERNANDO ANDRADE PIRES DE LIMA / JOÃO DE MATOS ANTUNES VARELA, *Código Civil Anotado*, Volume I, 4.ª Edição Revista e Actualizada com a colaboração de Manuel Henrique Mesquita, Coimbra Editora, Coimbra, 1987 p. 446.

126 Cfr. FERNANDO DE SANDY LOPES PESSOA JORGE, *op. cit.*, pp. 195-196.

127 A lei usa o termo aprovação, algo diferente da ratificação, que diz apenas respeito a negócios jurídicos, ao passo que a aprovação da gestão pode visar factos puramente materiais. Quando haja negócios jurídicos tratar-se-á já de uma ratificação. Aprovação é a declaração do dono do negócio de que considera a gestão conforme ao seu interesse e à sua vontade. Ratificação é o instrumento pelo qual o dono do negócio chama à sua esfera jurídica os efeitos do acto praticado pelo gestor. Cfr. FERNANDO ANDRADE PIRES DE LIMA / JOÃO DE MATOS ANTUNES VARELA, *Código Civil Anotado*, Volume I, *cit.*, pp. 450-451.

é válido e produz todos os seus efeitos, mas na esfera deste. Se o gestor comprou certo bem com a intenção de o comprar para outrem, por ter pensado que corresponderia à vontade do *dominus*, se este não ratifica a gestão, a compra é válida e eficaz na esfera do gestor. Já se o gestor vende em nome próprio coisa pertencente ao *dominus*, ainda que no interesse deste, e este não ratifica a venda, a venda será nula por falta de legitimidade.

Por serem aplicáveis à gestão de negócios em nome próprio as regras dos artigos 1180.º e seguintes do Código Civil, sobre o mandato sem representação, por via do que dispõe o artigo 471.º do mesmo Código, o gestor tem o dever de transferir para o dono do negócio os direitos adquiridos na gestão.

Concluímos, pois, pelo enquadramento da gestão de negócios nos casos de interposição de pessoa previstos no artigo 483.º, n.º 2. Haverá neste caso interposição de pessoa enquanto a gestão não seja nem ratificada (pois quando o for, a participação passa a ser da titularidade directa do dono do negócio) nem não ratificada (pois uma vez usada a ratificação da gestão, a participação passará a ser detida pelo gestor por sua própria conta, deixando os efeitos de se destinarem a outrem, para se destinarem ao titular jurídico-formal da participação)[128].

---

[128] JOSÉ A. ENGRÁCIA ANTUNES, *Os Grupos de Sociedades. Estrutura e Organização Jurídica da Empresa Plurissocietária*, *cit.*, p. 351, inclui no conceito de titularidade de participação social por conta de outrem a gestão de negócios *ratificada*. Parece-nos, no entanto, que, tendo a ratificação por efeito o de chamar à esfera de quem ratifica os efeitos jurídicos do negócio ratificado, uma vez ratificada a gestão a participação social passa a ser detida *directamente* pela sociedade participante.

23. A participação indirecta. Conclusões

Passada em revista a previsão do artigo 483.º, n.º 2, vimos quais as formas de participação indirecta, entre as quais se situam várias formas de interposição de pessoa.

A lei poderia, neste ponto, ter reagido de duas formas diferentes à interposição de pessoa na participação no capital social de sociedades por sociedades[129]: ou considerava nulas todas as relações de interposição que defraudassem os objectivos da lei, o que teria por efeito que a propriedade da participação, radicada na esfera da interposta pessoa, passaria a ser imputada apenas à esfera desta, que as passaria a deter por sua *própria conta*; ou aplicava o regime estabelecido para as participações da titularidade de uma sociedade a todos os casos em que essa titularidade é prosseguida por interposta pessoa.

A lei optou, e bem, pela segunda solução: o artigo 483.º, n.º 2, ignora a pessoa interposta, estabelecendo a sua equiparação total ao sujeito visado por cada uma das normas do regime das sociedades coligadas.

Já quando estabelece proibições de aquisição de acções, no mesmo regime das sociedades coligadas, a lei não faz uma equiparação expressa entre a aquisição pela sociedade visada pela proibição e a aquisição por interposta pessoa, por uma sociedade dependente da sociedade visada, ou por uma sociedade em relação de grupo com a sociedade visada. Temos, de novo, duas hipóteses: ou considerar nula a relação de interposição, ficando a participação adquirida em violação da proibição na titularidade e por conta da pessoa interposta (como sucede no caso previsto no artigo 316.º, n.º 3, para as acções próprias); ou estatuir para a aquisição praticada pela interposta pessoa consequências iguais às expressamente previstas para a prática

[129] Cfr. LUIS DÍEZ-PICAZO Y PONCE DE LÉON, *op.cit.*, pp. 871-872.

do acto pela sociedade visada. Parece-nos dever ser feita, também no campo das proibições de aquisição, a equiparação. Assim, será nula a aquisição prevista no artigo 487.º, n.º 1, quando praticada por pessoa interposta da sociedade visada, sendo válidas as aquisições previstas nos artigos 485.º, n.º 3, e 487.º, n.º 2, quando praticadas por meio de interposta pessoa, ficando a adquirente inibida de exercer os direitos inerentes à participação adquirida, na medida legalmente prevista.

Chegados a este ponto, temos já elementos para concluir que a lei das sociedades comerciais seguiu, no âmbito da coligação de sociedades, um caminho algo diferente daqueles que vêm a ser seguidos por outros ramos do direito já aqui referidos. Com efeito, o Código das Sociedades Comerciais não se centrou sobre os direitos de voto para estabelecer os limiares a partir dos quais as sociedades se encontram em relações de coligação relevantes para o direito. E tal não seria, a nosso ver, necessário, nem no âmbito das relações de simples participação, nem no contexto das relações de participações recíprocas. E, para as relações de domínio, onde se revela realmente necessária a averiguação dos direitos de voto efectivamente detidos por uma sociedade na assembleia geral de outra, a lei estabeleceu, ao lado de uma presunção de domínio baseada na titularidade da maioria do capital social, uma presunção de domínio, autónoma da primeira, baseada na titularidade da maioria dos direitos de voto. Titularidade essa, note-se, que pode ser directa ou indirecta[130].

Não vemos, pois, razão para aproximar o conceito de participação social estabelecido no regime das sociedades coligadas a outros conceitos de participação estabelecidos, designadamente, no Regime

[130] Quanto ao que signifique titularidade *indirecta* de direitos de voto (cfr. o artigo 486.º, n.º 2, alínea b)), a lei nada diz, deixando o preenchimento deste conceito vago ao critério do intérprete.

Geral das Instituições de Crédito e Sociedades Financeiras e no Código dos Valores Mobiliários.

No que toca ao Direito Bancário, sendo a actividade das instituições de crédito e sociedades financeiras supervisionada pelo Banco de Portugal, nos termos do disposto no Regime Geral das Instituições de Crédito e Sociedades Financeiras e na Lei Orgânica do Banco de Portugal, um dos domínios sobre que inicide essa supervisão é, de facto, o das participações no capital das instituições de crédito e sociedades financeiras. É que, sendo tais instituições sociedades anónimas, é decisivo, quer para a sua imagem, quer para a sua gestão, o controlo de quem nelas tem participações significativas. Esse controlo é exercido pelo Banco de Portugal através de um sistema de comunicações prévias. Assim, quem pretenda deter uma participação qualificada ou ultrapassar qualquer um dos limites de 5%, 10%, 20%, 33% ou 50% do capital da instituição de crédito ou nela participar de modo a que se torne sua filial, deve comunicar previamente ao Banco de Portugal o seu projecto, podendo o Banco de Portugal opor-se a ele *"(...) se não considerar demonstrado que a pessoa em causa ou as características do seu projecto reúnem condições que garantam a gestão sã e prudente da instituição de crédito"*[131]. O Regime Geral das Instituições de Crédito e Sociedades Financeiras define no seu artigo 13.º, n.º 7.º, e para o efeito do mencionado controlo, o conceito de participação qualificada, abrangendo nesse conceito, tal como o faz o Código das Sociedades Comerciais, não só as participações directas como as participações indirectas, como meio de impedir que a regra fosse contornada, por recurso a pessoas interpostas. E o que se constata é que a definição de participação qualificada, ainda que não seja participação de domínio, tem o seu centro de gravidade nos direitos de voto. Este peso colocado essencialmente no exercício dos direitos de voto

[131] Artigo 103.º, n.º 1, do Regime Geral das Instituições de Crédito e Sociedades Financeiras. Cfr. ANTÓNIO MENEZES CORDEIRO, *op. cit.*, p. 767.

resulta ainda claro da sanção prevista para aquisição de participações acima dos referidos limiares sem a prévia comunicação ao Banco de Portugal. A falta de comunicação é sancionada com a inibição do exercício do direito de voto na parte que exceda o limite mais baixo que tiver sido ultrapassado. Ora[132], o legislador não quis pôr em causa a legitimidade e a eficácia da transacção, demonstrando ser para si irrelevante – excepto no que toca aos direitos de voto – que o participante efectivamente detenha uma participação que ultrapasse os limiares legalmente estabelecidos. É por isso mesmo que as acções adquiridas pelo participante que não comunicou previamente tal aquisição ao Banco de Portugal mantêm todos os restantes direitos, designadamente, o direito aos dividendos e o direito a realizar eventuais mais-valias, se e quando as revender. O legislador atinge apenas o direito de voto precisamente porque a sua preocupação se centra na gestão das instituições de crédito e não na concentração da riqueza ou no mercado em geral, na parte em que este não dependa da imagem da gestão da instituição de crédito em jogo.

Também o Código dos Valores Mobiliários, no cômputo das participações qualificadas, como já tivemos oportunidade de assinalar, centra a sua atenção nos direitos de voto, estabelecendo o respectivo artigo 20.º que no cômputo das participações qualificadas se consideram os direitos de voto detidos por certas categorias de terceiros. A estas participações qualificadas o Código dos Valores Mobiliários associa deveres de comunicação. A consagração destes deveres tem por finalidade a de proteger os investidores, reforçar a sua confiança nos mercados de valores mobiliários e assegurar que esses mercados funcionam correctamente, através da adopção de uma política adequada de informação dos investidores[133]. Com efeito,

---

[132] Como nota ANTÓNIO MENEZES CORDEIRO, *op. cit.*, p. 782.

[133] Cfr. CARLOS OSÓRIO DE CASTRO, *A Imputação de Direitos de Voto no Código dos Valores Mobiliários*, *cit.*, p. 164.

constituem factores determinantes da decisão de investir as alterações da estrutura accionista e das relações de poder entre os sócios da sociedade visada. Ora, para que estes deveres não possam ser torneados, o artigo 20.º do Código dos Valores Mobiliários veio estabelecer um conceito lato de participação qualificada, centrado no direito de voto e, neste plano, não apenas na sua titularidade jurídico-formal, mas nas situações que materialmente possam consubstanciar o exercício de direitos de voto. Aquele artigo imputa, assim, ao participante, os direitos de voto cujo exercício se considere ser por ele influenciado ou influenciável[134], regime que se justifica pela preocupação de transparência quanto às relações de poder entre os sócios e a sociedade.

Ora, regressando ao Código das Sociedades Comerciais, e depois do que se deixou dito sobre a *ratio* do regime aplicável a cada uma das relações de coligação, parece-nos que o conceito de participação relevante para efeitos de aplicação daquele regime é suficiente à prossecução dos seus objectivos. A crítica pode é incidir – como de facto incide – sobre tais objectivos, sobre a necessidade ou fundamentação de parte do regime das sociedades coligadas. Mas esse é outro aspecto, que sai do âmbito deste trabalho. O que para já interessa deixar claro é que os conceitos de participação directa e de participação indirecta sobre que versa este estudo são, em nossa opinião, suficientes e adequados às finalidades prosseguidas pelo regime das sociedades coligadas do Código das Sociedades Comerciais, o que pode ser afirmado independentemente de eventuais considerações sobre a bondade ou necessidade dessas finalidades.

Uma última palavra, neste ponto, relativa à dificuldade de aplicação do regime das sociedades coligadas quando baseado em participações indirectas. Referimo-nos, mais concretamente, a problemas de prova das relações de interposição, dado o carácter consensual de

---

[134] *Idem, ibidem*, p. 167.

muitas dessas relações. Não será, com efeito, frequente que aquele que adquira e detenha uma participação por conta de outrem o faça com a menção expressa de que a aquisição é feita por conta de outrem. Aliás, como vimos, o contrato de comissão pressupõe exactamente a ausência de qualquer menção ao comitente. Assim, a forma como, na prática, se estabelecem muitas destas relações de interposição, acaba por trazer dificuldades à imputação da titularidade dessas acções na esfera da sociedade por conta de quem as mesmas são detidas. Será, no entanto, um indício de que a participação social é detida por conta de outrem a prova de que a titularidade da participação não tem qualquer interesse para o titular jurídico-formal.

Note-se, porém, que o mandato comercial é um facto sujeito a registo, conforme dispõe o artigo 10.º, alínea a), do Código do Registo Comercial.

CAPÍTULO III

Cômputo da Participação e Efeitos do Cúmulo da Participação Directa com a Participação Indirecta

24. O cômputo da participação. Casos duvidosos

Aqui chegados, importa traçar algumas observações sobre o cômputo das participações.

Se o sujeito interposto – seja a sociedade dependente, seja a sociedade em relação de grupo, seja a pessoa que detém a participação social por conta da sociedade interponente – é, para determinados efeitos legais, equiparado à interponente[135], como se faz essa

---

135 Cfr. ALBERTO LUPOI, *op. cit.*, p. 1173.

equiparação de titularidade? Por outras palavras, como se efectua o cômputo da participação da sociedade interponente?

Tenhamos o seguinte exemplo: a sociedade participante *A* detém uma participação noutra sociedade *C* através da sociedade dominada *B* em cujo capital detém 60%. Como se faz a contagem desta participação indirecta? Se a sociedade *B* detiver 100% do capital da sociedade *C*, deve considerar-se que a participação indirecta de *A* em *C* é de 100% ou 60%?

Num outro exemplo: se *A* detém 75% (três quartos) do capital de *B* e *B* detém 40% do capital de *C*, então *A* detém indirectamente 40% de *C*, ou apenas três quartos desses 40%, isto é, 30%?

A lei estabelece uma equiparação total, sem determinar nenhuma forma especial de cálculo, resultando do texto da lei que a participação imputada na esfera na participante indirecta é exactamente aquela que for detida pela sociedade ou pessoa interposta.

Já o artigo 63.º, n.º 6, do Código do IRC[136], por exemplo, não estabelece propriamente uma equiparação, determinando que o cômputo da participação seja feito como no exemplo acima referido. O cômputo rege-se por um critério de proporcionalidade e não pela equiparação total, o que geraria certamente resultados injustos, porque de dupla tributação, em sede de imposto sobre o rendimento.

Este critério, se bem que formal e logicamente mais rigoroso, não serviria as finalidades do regime das sociedades coligadas, sobretudo porque, quanto maior fosse o número de pessoas interpostas entre a sociedade participante e a sociedade participada, menor seria o montante da participação detida pela sociedade, se as relações entre as várias sociedades da cadeia não fossem sempre de domínio total.

---

[136] Que estabelece que *"Quando a participação é detida de forma indirecta, a percentagem de participação efectiva é obtida pelo processo da multiplicação sucessiva das percentagens de participação em cada um dos níveis e, havendo participações numa sociedade detidas de forma directa e indirecta, a percentagem de participação efectiva resulta da soma das percentagens das participações."*.

O método da equiparação total estabelecido no artigo 483.º, n.º 2, faz com que seja irrelevante o número de pessoas interpostas entre a participante e a participada.

Diga-se ainda que, se uma sociedade tiver simultaneamente participações directas e indirectas, o cômputo é feito pela soma de umas com as outras[137]. Mais: se a sociedade, através, por exemplo, de duas dominadas, participar numa outra sociedade, a sua participação é aquela que resultar da soma das participações detidas por cada uma das sociedades dependentes.

A referência à *titularidade* deve ser entendida como referência à propriedade das acções ou quotas. E do seu cômputo não devem ser retiradas as acções ou quotas de que a sociedade seja a titular jurídico-formal por conta de outrem. Assim, a relevância dada pela lei à titularidade material não exclui a titularidade formal, com as respectivas consequências[138].

Vejamos então alguns casos duvidosos.

Devem contar-se as participações sobre as quais incida um usufruto a favor de terceiro, mesmo sendo certo que o proprietário de raiz[139] não tem o direito de voto para a generalidade das deliberações

---

[137] Cfr. José A. Engrácia Antunes, *Os Grupos de Sociedades. Estrutura e Organização Jurídica da Empresa Plurissocietária*, *cit.*, p. 347, nota 690. Defendendo a mesma solução no direito italiano, por referência ao artigo 2359 do *Codice Civile*, não obstante a lei não a referir expressamente, cfr. Antonio Pavone La Rosa, *op. cit.*, p. 583. Afirma o autor ser evidente que a previsão normativa abrange não só os casos em que uma sociedade participa noutra (trata-se, no caso, de uma participação de domínio) exclusivamente através de uma sociedade sua dependente, como também aqueles casos em que uma sociedade *A* domina indirectamente a sociedade *C* por deter nesta uma participação maioritária que resulta do cúmulo da participação directa de *A* na sociedade *C* com a participação indirecta que *A* detém nesta última, através da sociedade *B*, que *A* domina.

[138] Cfr. José A. Engrácia Antunes, *Os Grupos de Sociedades. Estrutura e Organização Jurídica da Empresa Plurissocietária*, *cit.*, pp. 354-355.

[139] Cfr. os artigos 23.º do Código das Sociedades Comerciais e 1466.º e 1467.º do Código Civil.

e, nas matérias para as quais tem o direito a voto, não o pode exercer sozinho, mas em conjunto com o usufrutuário. De qualquer modo, e independentemente de esta participação poder ser também imputada ao usufrutuário, ela deve entrar no cômputo da participação social do proprietário de raiz.

Contam-se também as acções sobre as quais haja sido constituído um penhor[140], mesmo se o direito de voto for, por convenção, da titularidade do credor pignoratício.

Entram igualmente no cômputo as participações adquiridas em violação das regras sobre as participações recíprocas; bem como as acções ou quotas cujo direito de voto esteja limitado pelos estatutos, ou cujos direitos inerentes se encontrem suspensos.

Devem ainda contar-se as acções ou quotas detidas em contitularidade na parte proporcional detida por cada um[141], mesmo tendo em conta que nenhum dos contitulares pode dispor do voto exclusivamente e decidir sozinho[142].

E o que dizer quanto à participação detida em usufruto por uma sociedade ou de que esta seja credora pignoratícia (com os direitos de voto a si atribuídos por convenção)? Devem estas participações entrar no cômputo da participação de uma sociedade noutra sociedade? Parece-nos mais duvidoso. Não configurando um caso de *titularidade*, estas participações só serão relevantes para o cômputo

---

[140] Cfr. os artigos 666.º e seguintes do Código Civil.

[141] Cfr. os artigos 303.º e 224.º.

[142] CARLOS OSÓRIO DE CASTRO, *A Imputação de Direitos de Voto no Código dos Valores Mobiliários*, *cit.*, p. 169, relativamente ao previsto no artigo 20.º do Código dos Valores Mobiliários, nota que, se é certo que se imputa a cada um dos contitulares apenas a parte proporcional da participação, também é certo que, dado que os contitulares decidem por maioria o exercício dos seus direitos, se um dos contitulares tiver mais de 50% devem os direitos de voto ser imputados só a ele (por via da alínea b) do n.º 1 do artigo 20.º) porque o participante terá relação de grupo (de domínio) com *sociedade*, interpretando-se para este efeito, *sociedade* no sentido amplo de abranger, quer a sociedade civil, quer a *compropriedade*.

da participação se os respectivos proprietários as detiverem *por conta* da sociedade, o que é mais provável que suceda no usufruto do que no caso do penhor.

25. Multiplicação dos destinatários dos efeitos jurídicos da coligação de sociedades

A imputação de uma participação social na esfera jurídica de uma sociedade terá por consequência a sua sujeição aos efeitos jurídicos dessa titularidade. Aqui podem colocar-se problemas de multiplicação de sociedades sujeitas aos efeitos jurídicos estabelecidos na lei para as participações, designadamente, aos deveres de comunicação.

O problema[143] da duplicação ou multiplicação dos sujeitos passivos dos deveres põe-se, antes do mais, em casos de compropriedade das acções ou de quota. Se a participação, no seu todo, exceder os limiares legais, os deveres de comunicação devem ser exercidos por todos, e não apenas pelo representante comum. Isto porque, caso contrário, poderia dar-se o caso de o titular *A* deter uma participação de 9% em compropriedade com *B*, o representante comum da compropriedade, e deter também, nessa mesma sociedade, 9% em compropriedade com *X*, o representante comum da compropriedade, e assim sucessivamente. Ora, *B* e *X* não comunicariam a sua participação à sociedade, uma vez que a mesma não atingia os 10%. Mas *A*, que acabava assim por deter mais de 10% na sociedade, sempre deveria ser sujeita ao dever de comunicação.

Olhando agora o caso da participação indirecta – que é o que interessa ao nosso estudo –, detida através de sociedade dominada ou de pessoa interposta, temos por certo que a sociedade a quem

[143] Cfr. MARÍA DE LA SIERRA FLORES DOÑA, *op. cit.*, pp. 310-311.

essa participação (indirecta) é imputada tem de proceder às comunicações legais e fica sujeita às consequências legais da titularidade, ainda que indirecta, daquela participação, por efeito da equiparação operada pela lei. E a interposta pessoa? Alguma doutrina tende a considerar que só a sociedade dominante ou representada é que tem o dever de comunicar, na medida em que só esta seria a sua titular material. Mas o nosso direito leva a que ambas as sociedades fiquem sujeitas aos deveres inerentes à participação e fiquem sujeitas ao regime decorrente dessa participação. Assim, uma mesma participação multiplica os seus efeitos jurídicos por quantas sociedades entrarem na cadeia da participação indirecta[144]. Só assim não será quando as acções (ou quotas, numa interpretação correctiva da lei) sejam detidas por pessoa singular por conta da sociedade, caso em que só a sociedade indirectamente participante fica sujeita ao regime das sociedades coligadas, porque as pessoas singulares não estão sujeitas aos deveres de comunicação aí estabelecidos, ficando apenas sujeitas ao dever decorrente do artigo 448.º, se o seu caso se enquadrar na previsão desta norma.

A esta multiplicação de efeitos sempre se poderia objectar que impor o dever de comunicação, quer à sociedade dominante, quer à sociedade interposta, ficcionaria a existência de duas relações de participação. Mas os objectivos de clareza e informação completa prosseguidos pela lei justificam-na inteiramente. É que também a sociedade interposta tem, por si só, uma relação, pelo menos formal com a sociedade participada, seja de simples participação, seja de domínio. E a equiparação que é feita pelo artigo 483.º, n.º 2, ou seja, a relevância das participações indirectas, não exclui a relevância do

---

[144] Donde resulta que a soma das participações imputáveis a todos os participantes excederá, quase invariavelmente, os 100% do capital da sociedade participada. Cfr. CARLOS OSÓRIO DE CASTRO, *A Imputação de Direitos de Voto no Código dos Valores Mobiliários*, *cit.*, p. 168, que defende a cumulação de deveres de comunicação no âmbito do previsto no Código dos Valores Mobiliários.

conceito formal de participação social. Assim, a sociedade que detenha directamente, ainda que por conta de outra sociedade, uma participação está abrangida pelas normas que prevêem – e referem sempre, aliás, a expressão "*directa ou indirectamente*" – os respectivos efeitos jurídicos.

A titularidade indirecta não exclui, não consome nem absorve a relevância da titularidade directa e dos deveres que lhe são inerentes.

Bibliografia

ABREU, Jorge Manuel Coutinho de, *Da Empresarialidade. As Empresas no Direito*, Almedina, Coimbra, 1996;

ANDRADE, Manuel A. Domingues de, *Teoria Geral da Relação Jurídica*, Vol. II, Livraria Almedina, Coimbra, 1960;

ANDRADE, Margarida Costa, *A Incindibilidade da Participação Social nas Sociedades Anónimas, in Estudos em Comemoração do 10.º Aniversário da Licenciatura em Direito da Universidade do Minho*, Coordenação de António Cândido de Oliveira, Almedina, Coimbra, 2004, pp. 495-528;

ANTUNES, José A. Engrácia, *Autoparticipações e Cômputo das Participações Intersocietárias*, separata de *Estudos em Homenagem ao Prof. Doutor Raúl Ventura*, Edição da Faculdade de Direito da Universidade de Lisboa, Coimbra Editora, Lisboa, 2003;

ANTUNES, José A. Engrácia, *Os Grupos de Sociedades. Estrutura e Organização Jurídica da Empresa Plurissocietária*, 2.ª Edição Revista e Actualizada, Almedina, Coimbra, 2002;

ASCENÇÃO, José de Oliveira, *Direito Civil. Teoria Geral*, Vol. III, Coimbra Editora, Coimbra, 2002;

BETTI, Emilio, *Teoria Geral do Negócio Jurídico,* Tomo II, tradução de Fernando de Miranda, 1.ª Edição, Coimbra Editora, Coimbra, 1969;

BETTI, Emilio, *Teoria Geral do Negócio Jurídico,* Tomo III, tradução de Fernando de Miranda, 1.ª Edição, Coimbra Editora, Coimbra, 1970;

CAMPOS, Diogo Leite de (v. TOMÉ)

CASTRO, Carlos Osório de, *Acções preferenciais sem voto, in Problemas do Direito das Sociedades*, AAVV, Almedina, Coimbra, 2002, pp. 281-320;

CASTRO, Carlos Osório de, *A Imputação de Direitos de Voto no Código dos*

Valores Mobiliários, in *Cadernos do Mercado de Valores Mobiliários*, CMVM, n.º 7, Abril de 2000, pp. 163-192;

CASTRO, Carlos Osório de, *Sociedades anónimas em relação de participações recíprocas: alguns aspectos do regime legal*, in *Revista de Direito e Estudos Sociais*, XXXI, 1989, pp. 109-141;

COELHO, Francisco Manuel de Brito Pereira, *Grupos de Sociedades. Anotação Preliminar aos Arts. 488.º a 508.º do Código das Sociedades Comerciais*, in *Boletim da Faculdade de Direito da Universidade de Coimbra*, Vol. LXIV, Coimbra, 1988, pp. 297-353;

CORDEIRO, António Menezes, *Manual de Direito Bancário*, 3.ª Edição, Almedina, Coimbra, 2006;

DOÑA, María de la Sierra Flores, *Participaciones Recíprocas entre Sociedades de Capital*, Aranzadi, Pamplona, 1998;

DUARTE, Rui Pinto, *O Controlo da Identidade dos Sócios das Instituições de Crédito e das Sociedades Financeiras*, in *Revista da Banca*, Lisboa, n.º 26 (Abril – Junho de 1993), pp. 73-86;

FURTADO, Jorge Henrique da Cruz Pinto, *Curso de Direito das Sociedades*, 4.ª Edição, Almedina, Coimbra, 2001;

FURTADO, Jorge Henrique da Cruz Pinto, *Deliberações de Sociedades Comerciais*, Almedina, Coimbra, 2005;

GOMES, M. Januário Costa, *Contrato de Mandato Comercial. Questões de Tipologia e Regime*, in *As Operações Comerciais*, Livraria Almedina, Coimbra, 1988, pp. 465-562;

JORGE, Fernando de Sandy Lopes Pessoa, *O Mandato Sem Representação*, Reimpressão, Almedina, Coimbra, 2001;

KÜBLER, Friedrich, *Derecho de Sociedades*, 5.ª Edición revisada y ampliada (traducción: Michèle Klein), Fundación Cultural del Notariado, Madrid, 2001;

LÉON, Luis Díez-Picazo y Ponce de, *La utilización de persona interpuesta de los negocios de una sociedad anónima con sus propias acciones*, in *Estudios de Derecho Mercantil en Homenaje al Profesor Manuel Broseta Pont*, Tomo I, Tirant lo blanch, Valencia, 1995, pp. 871-877;

LIMA, Fernando Andrade Pires de / João de Matos Antunes VARELA,, *Código Civil Anotado*, Volume I, 4.ª Edição Revista e Actualizada com a colaboração de Manuel Henrique Mesquita, Coimbra Editora, Coimbra, 1987;

LIMA, Fernando Andrade Pires de / João de Matos Antunes VARELA, *Código Civil Anotado*, Volume II, 4.ª Edição Revista e Actualizada, Coimbra Editora, Coimbra, 1997;

LUPOI, Alberto, *Interposta persona: tipologie del controllo indirecto. Il caso del trust, in Contratto e impresa. Dialoghi con la giurisprudenza civile e commerciale* (dir. da Francesco Galgano), Padova, Diciottesimo Anno, n.3 (Settembre – Dicembre 2002), pp. 1171-1196;

MOSCATI, Enrico, *I rimedi contrattuali a favore dei terzi, in Rivista di Diritto Civile*, Anno XLIX, n.4 Luglio-Agosto 2003, Cedam, Padova, pp. 357-393;

PINTO, Carlos Alberto da Mota, *Teoria Geral do Direito Civil*, 4.ª Edição por António Pinto Monteiro e Paulo Mota Pinto, Coimbra Editora, Coimbra, 2005;

ROSA, Antonio Pavone La, *Le Società Controllate – I Gruppi, in Trattato delle Società per Azioni*, Diretto da G. E. Colombo e G. B. Portale, Vol. 2, Tomo 2, UTET, Torino, 1991, pp. 581-664;

SOUSA, Rabindranath Capelo de, *Lições de Direito das Sucessões*, Volume I, 4.ª Edição Renovada, Coimbra Editora, Coimbra, 2000;

TOMÉ, Maria João Carreiro Vaz / Diogo Leite de Campos, *A Propriedade Fiduciária (Trust). Estudo para a sua consagração no Direito Português*, Livraria Almedina, Coimbra, 1999;

TRIGO, Maria da Graça, *Acordos Parassociais – Síntese das questões jurídicas mais relevantes, in Problemas do Direito das Sociedades*, AAVV, Almedina, Coimbra, 2002, pp. 169-184;

VARELA, João de Matos Antunes (v. LIMA);

VASCONCELOS, Pedro Pais de, *A Participação Social nas Sociedades Comerciais*, Almedina, Coimbra, 2005;

VELOSO, José António, *Conceitos e Problemas na Fiscalização de Participações Qualificadas, in Revista da Ordem dos Advogados*, Ano 61, I, Lisboa, Janeiro de 2001, pp. 225-278;

VELOSO, José António, *Concurso de posições de domínio e outros problemas de inibição de direitos de voto por violação de deveres de revelar participações qualificadas, in Revista da Banca*, n.º 47, Janeiro - Junho 1999, pp. 57-70;

VENTURA, Raúl, *Estudos Vários Sobre Sociedades Anónimas. Comentário ao Código das Sociedades Comerciais*, Livraria Almedina, Coimbra, 1992;

VENTURA, Raúl, *Participações Dominantes: Alguns Aspectos do Domínio de Sociedades por Sociedades, in Revista da Ordem dos Advogados*, Ano 39, Lisboa, 1979, pp. 5-62;

XAVIER, Vasco da Gama Lobo, *A validade dos sindicatos de voto no direito português constituído e constituendo, in Revista da Ordem dos Advogados*, Lisboa, Ano 45, Dezembro de 1985, pp. 639-653.

As alterações do Código do Trabalho revisto ao procedimento disciplinar

DIOGO VAZ MARECOS

SUMÁRIO: 1. Introdução; 2. As alterações ao Procedimento Disciplinar no Código do Trabalho Revisto; 2.1. O enquadramento sistemático; 2.2. O novo prazo disciplinar; 2.3. Diligências probatórias facultativas; 2.3.1 No procedimento disciplinar para despedimento; 2.3.2 No procedimento disciplinar para aplicação de outra sanção que não o despedimento; 2.4. O regime supletivo do parecer da comissão de trabalhadores; 2.5. O prazo dilatório para proferir a decisão quando tenha sido decidido não realizar as diligências probatórias; 2.6. O procedimento disciplinar em microempresa; 2.7. Consequência da não aplicação tempestiva da sanção disciplinar; 2.8. Alargamento da presunção de aplicação de sanção abusiva; 2.9. Pronuncia obrigatória pelo tribunal sobre a verificação e precedência dos motivos invocados para o despedimento; 2.10. A mera irregularidade formal; 2.11. Novo prazo de impugnação do despedimento; 3. Conclusão; 4. Bibliografia.

1. Introdução

O presente estudo tem subjacente a Lei n.º 7/2009, de 12 de Fevereiro, que procedeu à aprovação do Código do Trabalho Revisto, diploma para o qual, salvo expressa indicação em contrário, são feitas, de ora em diante, todas as remissões. Este diploma anuncia a morte do Código do Trabalho, aprovado pela Lei n.º 99/2003, de 27 de Agosto[1]. Não, sem antes, ter deixado entre nós o primeiro esforço de codificação dos mais importantes preceitos laborais. Ferido na sua vigência global, o Código do Trabalho manter-se-á em vigor parcialmente, durante tempo para já desconhecido, uma vez que a revogação de algumas das matérias nele reguladas só produz efeitos após a entrada em vigor de diploma que regule a mesma matéria[2]. Enquanto isso, entraram já em vigor, com a publicação do Código do Trabalho Revisto, algumas novas normas que disciplinam o Procedimento Disciplinar.

São numerosas as alterações trazidas pelo Código do Trabalho Revisto ao Procedimento Disciplinar. Aliás, e servindo o Procedimento Disciplinar como uma das formas de proceder ao despedimento de um trabalhador, as alterações introduzidas não são alheias ao facto da modificação das normas relativas ao despedimento terem constituído um dos cinco principais eixos da reforma da legislação laboral, como assumiu o Governo na proposta de reforma apresentada em Abril de 2008 aos parceiros sociais. Se há matéria em que se pode equacionar se o Código do Trabalho Revisto procede a uma ruptura, mais do que a uma reforma de continuidade, é no Procedimento Disciplinar e no despedimento por facto imputável ao trabalhador que toma forma.

---

[1] O Código do Trabalho foi aprovado pela Lei n.º 99/2003, de 27 de Agosto, e alterado pelas Leis n.os 9/2006, de 20 de Março, 59/2007, de 4 de Setembro, e 12-A/2008, de 27 de Fevereiro.

[2] Entre estas contam-se as normas relativas a segurança, higiene e saúde no trabalho, acidentes de trabalho e doenças profissionais, na parte não referida na actual redacção do Código do Trabalho Revisto; sobre comparticipação na compensação retributiva; sobre conselhos de empresa europeus; sobre designação de árbitros para arbitragem obrigatória e listas de árbitros; sobre procedimento de contra-ordenações laborais.

Assim, pretende-se com este estudo analisar os termos das alterações do Código do Trabalho Revisto ao Procedimento Disciplinar, antecipando, quando tal seja possível os principais problemas que se poderão suscitar na aplicação concreta das normas.

Avançada esta palavra prévia, é tempo de passarmos ao essencial.

2. As alterações ao procedimento disciplinar no código do trabalho revisto

2.1. *O enquadramento sistemático*

Como se deixou antever no título 1 do presente estudo, são várias as alterações do Código do Trabalho Revisto no que à matéria de Procedimento Disciplinar diz respeito. Desde logo há uma alteração de enquadramento sistemático. Enquanto que no Código do Trabalho aprovado pela Lei n.º 99/2003, de 27 de Agosto, o regime do poder disciplinar[3] encontrava-se na Secção II do Capítulo VIII, respeitante ao "Incumprimento do Contrato", entre matéria relativa ao incumprimento das prestações pecuniárias a cargo do empregador[4], no Código do Trabalho Revisto há um retoque sistemático, cfr. art. 98.º [5], estando agora o poder disciplinar, em termos genéricos, inserido sistematicamente na Subsecção IX "O empregador e a

---

[3] Seguindo Lobo Xavier: "trata-se do poder de pré-fixar e aplicar medidas coactivas adequadas (sanções disciplinares) aos trabalhadores cuja conduta prejudique ou ponha em perigo a empresa ou não seja adequada à correcta efectivação dos deveres contratuais", cfr. *Iniciação ao Direito do Trabalho*, Editorial Verbo, 1994, pág. 176.

[4] Cfr. artigos 365.º e ss. do Código do Trabalho aprovado pela Lei n.º 99/2003, de 27 de Agosto.

[5] Estabelece o art. 98.º, sob a epígrafe Poder Disciplinar: "O empregador tem poder disciplinar sobre o trabalhador ao seu serviço, enquanto vigorar o contrato de trabalho.".

empresa, da Secção II "Sujeitos", do Capítulo I "Disposições Gerais", do Título II "Contrato de Trabalho". A correcção agora realizada revela que o legislador[6] parece ter acolhido as críticas de alguma doutrina que viam no anterior enquadramento sistemático o pendor contratualista da concepção então adoptada, pouco sensível às dimensões colectiva e organizacional das relações de trabalho[7].

Continua a denotar-se um grande paralelismo entre a regulação do poder disciplinar no Código do Trabalho Revisto, desenvolvida nos artigos 328.º e ss. e a regulação do Código do Trabalho, aprovado pela Lei n.º 99/2003, de 27 de Agosto, esta última em tudo semelhante ao que era já feito pela legislação antecedente, a LCT[8]. Trata-se de uma matéria que pouco tem de novo, em que, desde há vários anos, os preceitos relativos ao poder disciplinar têm um conteúdo normativo, e uma redacção, em tudo idênticos. Mantém-se o elenco das sanções previstas no Código do Trabalho, aprovado pela Lei n.º 99/2003, de 27 de Agosto, figurando entre elas a perda de dias de férias, perda essa que não pode contudo pôr em causa o gozo de vinte dias úteis de férias. Esta é a doutrina da alínea d) do n.º 1 do art. 328.º e da alínea b) do n.º 3 do mesmo art. 328.º [9].

2.2. *O novo prazo disciplinar*

De acordo com a solução há muito consagrada na lei, o procedimento disciplinar encontra-se sujeito a limites temporais[10], dentro dos quais o empregador pode exercer o poder disciplinar. Com uma redacção ligeiramente distinta, o Código do Trabalho Revisto manteve o entendimento de que o poder disciplinar prescreve um ano após a

---

6 Por legislador entendemos qualquer órgão competente constitucionalmente – Assembleia da República, Governo ou Assembleias Regionais dos Açores e da Madeira – a quem compete a produção de actos legislativos.

7 Cfr. por todos António Monteiro Fernandes, *Direito do Trabalho*, 13.ª Edição, Almedina, 2007.

prática da infracção, ou no prazo de prescrição da lei penal, quando os factos constituam igualmente crime, cfr. n.º 1 do art. 329.º, devendo o procedimento disciplinar exercer-se nos sessenta dias subsequentes àquele em que o empregador teve conhecimento da infracção[11],

---

[8] A LCT foi aprovada pelo Decreto-Lei n.º 49 408, de 24 de Novembro de 1969, tendo ficado vulgarmente conhecida como a Lei do Contrato de Trabalho, a qual veio a ser revogada pelo art. 21.º da Lei n.º 99/2003, de 27 de Agosto, que aprovou o Código do Trabalho.

[9] Esta sanção da perda de dias de férias foi prevista *ex novo* pela alínea d) do artigo 366.º do Código do Trabalho, solução que é susceptível de configurar uma violação do direito à saúde, na vertente do direito ao repouso anual dos trabalhadores. Na legislação espanhola a perda de dias de férias é uma sanção expressamente proibida, por se entender que atenta contra os direitos de personalidade do trabalhador. Estranha-se, no direito laboral português, a manutenção desta sanção entre aquelas que é lícito ao empregador aplicar, porquanto a tendência que se vinha revelando era precisamente a de aumentar o direito ao repouso, o qual mereceu inclusivamente tutela constitucional na alínea d) do n.º 1 do art. 59.º da Constituição da República Portuguesa. Por outro lado, sempre se diga que quanto mais forem as sanções admitidas por lei, menor é a possibilidade do empregador poder lançar mão da sanção mais grave, a expulsiva, prevista na alínea f) do n.º 1 do art. 328.º.

[10] Estabelecia a LCT, no n.º 1 do art. 27.º e no n.º 3 do art. 27.º, que o processo disciplinar devia exercer-se nos sessenta dias subsequentes ao conhecimento da entidade patronal, prescrevendo a infracção disciplinar no prazo de um ano, contado do momento em que a infracção teve lugar. O Código do Trabalho manteve o mesmo entendimento que já era feito pela LCT, tendo contudo procedido a uma extensão do prazo de prescrição da infracção disciplinar, quando os factos constituírem igualmente crime, cfr. n.º 1 e 2 do art. 372.º da Lei n.º 99/2003, de 27 de Agosto.

[11] Questão que muito ocupou a doutrina, era a de saber se o prazo de sessenta dias fixado agora no actual no n.º 2 do art. 329.º é um prazo de prescrição ou de caducidade. No sentido de aquele prazo é de caducidade Furtado Martins, *Cessação do Contrato de Trabalho*, Principia, Cascais, 1999. No sentido de que a qualificação do prazo de sessenta dias é um prazo de prescrição Abílio Neto, *Processo Disciplinar e Despedimentos*, Ediforum, Lisboa, Julho 2004, 24, Pedro Sousa Macedo, *Poder Disciplinar Patronal*, Almedina, Coimbra, 1990111 e ss., e Pedro Romano Martinez, *Direito do Trabalho*, Livraria Almedina, Coimbra, 2002, 858 e ss. A jurisprudência, por seu turno, tem entendido ser um prazo de caducidade, cfr. Acórdão do Supremo Tribunal de Justiça, de 27-10-2004 Processo

cfr. n.º 2 do mesmo art. 329.º. Para além destes dois prazos, a infracção disciplinar prescreve também quando cessa o contrato de trabalho[12].

Contudo, no Código do Trabalho Revisto foi-se agora mais longe, tendo sido acrescentado um novo prazo disciplinar, no n.º 3 do art. 329.º, segundo o qual: "O procedimento disciplinar prescreve decor-

---

n.º 638/03, Acórdão do Supremo Tribunal de Justiça, de 13-07-2004 Processo n.º 114/03, Acórdão do Supremo Tribunal de Justiça, de 11-10-2001 Processo n.º 1097/00, sumários em www.dgsi.pt. Como já defendemos vd. o nosso *Prática e Procedimentos do Processo Disciplinar*, 22, entendemos também tratar-se de um prazo de caducidade. Semelhante opinião assenta no disposto no n.º 2 do art. 298.º do Código Civil, o qual estabelece que quando por força da lei ou por vontade das partes, um direito deva ser exercido dentro de certo prazo, são aplicáveis as regras da caducidade, a menos que a lei se refira expressamente à prescrição, o que não sucede no n.º 2 do art. 329.º. Por outro lado, a caducidade pode ser interrompida, cfr. art. 328.º do Código Civil, nos casos em que a lei o determine. Ora nos termos do disposto no Código do Trabalho Revisto, o prazo dos sessenta dias a que alude o n.º 2 do art. 329.º pode ser interrompido, cfr. art. 352.º e n.º 3 do art. 353.º, pelo que nenhuma razão haverá para não configurar este prazo como um prazo de caducidade, se bem que atípico, dado que como refere a lei, os prazos de caducidade, por princípio, não se suspendem nem se interrompem. Quanto aos efeitos da interrupção, iniciado o decurso do prazo, todo o tempo decorrido até à interrupção é perdido, iniciando-se a contagem de novo prazo quando cesse a razão da interrupção.

12 No Código do Trabalho Revisto o contrato de trabalho pode cessar, para além do despedimento por facto imputável ao trabalhador, cfr. alínea c) do art. 340.º, por caducidade (designadamente quando se verifica o termo do contrato de trabalho nos contratos a termo certo ou incerto, em caso de impossibilidade superveniente, absoluta e definitiva do trabalhador prestar o seu trabalho ou do empregador o receber e com a reforma do trabalhador, por velhice ou invalidez), por revogação (quando o empregador ou o trabalhador, por mútuo acordo, cessam o contrato), por despedimento colectivo, por despedimento por extinção de posto de trabalho, por despedimento por inadaptação, por resolução pelo trabalhador (quando o trabalhador faz cessar o contrato de trabalho com justa causa) e por denúncia pelo trabalhador (quando o trabalhador faz cessar o contrato de trabalho, independentemente de justa causa, mediante aviso prévio, ou quando o trabalhador abandona o trabalho), cfr. art. 340.º.

rido um ano contado da data em que é instaurado quando, nesse prazo, o trabalhador não seja notificado da decisão final.". Trata-se de uma inovação cuja intenção mais não é do que procurar impedir que o empregador mantenha uma perspectiva de punição, como uma ameaça indefinidamente suspensa sobre o trabalhador, o que consubstancia por si só motivo suficiente para a subscrever. Até aqui recordamos, a título exemplificativo, que se aceitava que, entre a data em que é entregue ao trabalhador a Nota de Culpa, e a data do proferimento da sanção, pode decorrer mais de um ano, como admitiu o Acórdão do Supremo Tribunal de Justiça de 25-02-1993[13]. Por outro lado, era entendimento pacífico da jurisprudência, que não havia nenhum prazo para levar a cabo o procedimento prévio de inquérito, não estando o empregador obrigado a conclui-lo dentro de certo período, desde que fosse iniciado nos trinta dias subsequentes à suspeita de existência de infracção, sendo exigido apenas que esse procedimento prévio fosse iniciado e conduzido de forma diligente, não mediando mais de trinta dias entre a sua conclusão e a notificação da Nota de Culpa[14]. Permitia-se assim que, e uma vez interrompidos os prazos de caducidade e prescrição, ou tão só de prescrição, do procedimento disciplinar, um procedimento prévio de inquérito se alongasse durante meses, porventura largos meses.

Não obstante a premência da norma agora introduzida, esta disposição parece estar em desacerto com outras disposições. Desde logo, estabelece o art. 352.º e o n.º 3 do art. 353.º que a instauração de procedimento prévio de inquérito e a notificação da Nota de Culpa interrompe a contagem dos prazos de sessenta dias para início do procedimento disciplinar ou de um ano para o exercício do poder disciplinar. Contrariamente ao que sucede com estes dois prazos, não há qualquer preceito que imponha a interrupção do novo prazo de um

[13] Cfr. Colectânea de Jurisprudência, 1993, 1.º, 260.

[14] Neste sentido, cfr., por todos, o Acórdão do Supremo Tribunal de Justiça de 28-02-1996, Colectânea de Jurisprudência do Supremo Tribunal de Justiça, 1996, I, págs. 258-260.

ano para notificação ao trabalhador da decisão final. À primeira vista, o legislador parece ter-se esquecido que o novo prazo de um ano, que o empregador dispõe para instruir o procedimento disciplinar, deveria ser interrompido com a instauração do procedimento prévio de inquérito ou com a notificação da Nota de Culpa. Em abono da tese de que o legislador parece ter querido consagrar um novo prazo, sem que tenha tido contudo real consciência das suas implicações no instituto do procedimento disciplinar, precede o disposto no n.º 1 do art. 382.º: "O despedimento por facto imputável ao trabalhador é ainda ilícito se tiverem decorrido os prazos estabelecidos nos n.os 1 ou 2 do artigo 329.º, ou se o respectivo procedimento for inválido.". Ou seja, atendendo à letra da lei, a violação do prazo de um ano para notificar o trabalhador arguido da decisão final não condiciona a validade do despedimento. Mas terá sido mesmo assim? Terá havido um lapso do legislador? Salvo melhor opinião, o facto do trabalhador ser notificado ultrapassado o prazo de um ano da instauração do procedimento disciplinar não veda a que o procedimento disciplinar seja considerado ilícito[15]. Na realidade, também não há no Código do Trabalho Revisto uma norma que estabeleça expressamente a ilicitude do despedimento quando a decisão final não tenha sido proferida no prazo de trinta dias prescrito no n.º 1 do art. 357.º[16]. Ainda assim, o facto de terem sido ultrapassados os trinta dias para

---

[15] A propósito do anterior n.º 3 do art. 27.º da LCT, Lobo Xavier já entendeu que: "no plano substantivo o prazo de um ano é absolutamente inidóneo para – nos casos graves – fazer presumir uma ressocialização do infractor e ainda menos para diluir as necessidades retributivas e de prevenção geral do despedimento", cfr. *Prescrição de infracção disciplinar (art. 27.º, 3 da LCT)*, R.D.E.S., Coimbra, 1990, pág. 225 e ss., crítica que paralelisticamente pode agora equacionar-se novamente, com a consagração do n.º 3 do art. 329.º.

[16] À semelhança do que sucedia no Código do Trabalho, aprovado pela Lei n.º 99/2003, de 27 de Agosto, em que a violação do prazo de trinta dias para o empregador proferir a decisão do procedimento tem como cominação a caducidade do direito de aplicar a sanção, cfr. n.º 1 do art. 415.º, não constado essa violação directamente dos motivos geradores de ilicitude do despedimento, cfr. artigos 429.º e 430.º do Código do Trabalho.

o empregador proferir a decisão final não impede que o despedimento seja considerado ilícito pelo tribunal. Nos mesmos termos, o facto de ter sido ultrapassado o prazo de um ano, desde a data de instauração do procedimento disciplinar, sem que o trabalhador tenha sido notificado da decisão final, não veda a que o despedimento que lhe seja aplicado seja considerado ilícito, se se entender que tendo o procedimento disciplinar prescrito com fundamento na violação da nova norma constante do n.º 3 do art. 329.º, então o despedimento dele resultante não foi precedido do respectivo procedimento, cfr. alínea c) do art. 381.º. Deste modo, o trabalhador valer-se-á dos efeitos da ilicitude como forma de salvaguardar os direitos que lhe são conferidos pela lei e que infra trataremos.

Decorrido este prazo de um ano contado da data em que é instaurado o procedimento disciplinar sem que o trabalhador seja notificado da decisão final há, como se deixou exposto, prescrição do direito de exercer o poder disciplinar. Mas tratar-se-á de uma verdadeira prescrição, ou estaremos antes perante uma caducidade? Esta questão não é despicienda, uma vez que a caducidade surge frequentemente na lei sob a designação de "prescrição", em situações que tecnicamente devem ser qualificadas como sendo de caducidade. Sendo figuras análogas, uma vez que ambas são formas de extinção de um direito pelo decurso de tempo, é possível distingui-las com clareza. Na prescrição o direito extingue-se pelo seu não exercício, ou seja, se o titular o exercer, o direito, em princípio, não se extingue. Também em princípio, o direito não está sujeito a qualquer prazo, sendo que a prescrição só resulta da lei. Já na caducidade, que pode resultar da lei ou da vontade das partes, o direito a exercer está sujeito a um prazo, a uma morte pré-determinada à nascença. Ora, nos termos do n.º 2 do art. 298.º do Código Civil, quando por força da lei ou por vontade das partes, um direito deva ser exercido dentro de certo prazo, são aplicáveis as regras da caducidade, a menos que a lei se refira expressamente à prescrição. Esta última situação é, designadamente, o que sucede no n.º 3 do art. 329.º. Neste preceito, a letra da lei é clara na qualificação, sujeitando o procedimento disciplinar, ou seja, o direito do empregador agir disciplinarmente contra o seu trabalhador, ao prazo de um ano para notificar o trabalhador da decisão final, contado desde a instauração do procedimento, prazo esse que não é interrompido pela instauração do procedimento prévio de inquérito, nem pela notificação da Nota de Culpa, cfr. art. 352.º e n.º 3 do art. 353.º. Dito isto, e salvo melhor opinião, nenhuma razão haverá para configurar este prazo como um prazo de caducidade.

Nesta senda, urge saber se esta prescrição é ou não de conhecimento oficioso[17]. Salvo melhor opinião, haverá aqui que recorrer ao Acórdão de uniformização de jurisprudência n.º 4/03, de 21 de Maio. Apesar de à data deste acórdão não existir ainda este novo prazo, entendemos, subscrevendo os argumentos ai aduzidos, que a doutrina nele prescrita é aplicável, *mutatis mutandis* a este novo prazo disciplinar. Designadamente, a disciplina aplicável, tratando-se de direito privado, será esta, pelo que a caducidade e a prescrição do procedimento disciplinar não são de conhecimento oficioso, carecendo de invocação por quem se pretende fazer valer dos seus efeitos[18].

---

[17] A questão de saber se a prescrição da infracção, bem como a prescrição ou a caducidade do próprio procedimento disciplinar eram ou não de conhecimento oficioso, foi matéria que durante longo tempo dividiu parte da doutrina e da jurisprudência, e que só ficou resolvida com o Acórdão de uniformização de jurisprudência n.º 4/03, de 21 de Maio. Até então, entendiam parte da doutrina e da jurisprudência, cfr. por todos Acórdão do Supremo Tribunal de Justiça de 30-05-1989, Boletim do Trabalho e Emprego, 2.ª série, n.os 7-8-9/91, pág. 1052, e Acórdão do Supremo Tribunal de Justiça de 09-04-1997, Processo n.º 210/97, SASTJ, 10.º, pág. 120, que a prescrição era de conhecimento oficioso, evocando a aplicação subsidiária das normas de direito penal, face ao carácter sancionatório do direito disciplinar. Em sentido oposto argumentava-se que as sanções disciplinares visam garantir tão só interesses do empregador, que pouco ou nada têm de comum com os interesses prosseguidos pelas normas penais.

[18] Cfr. n.º 2 do art. 333.º e art. 303.º do Código Civil, que estabelecem respectivamente: "Se for estabelecida em matéria não excluída da disponibilidade das partes, é aplicável à caducidade o disposto no artigo 303.º.", e "O tribunal não pode suprir, de ofício, a prescrição; esta necessita, para ser eficaz, de ser invocada,

2.3. *Diligências probatórias facultativas*

2.3.1. *No procedimento disciplinar para despedimento*

Quando o procedimento disciplinar visa a aplicação da sanção de despedimento sem indemnização ou compensação, o Código do Trabalho, aprovado pela Lei n.º 99/2003, de 27 de Agosto, estabelece que as diligências instrutórias requeridas pelo trabalhador na Resposta à Nota de Culpa são obrigatórias a menos que se alegue, de forma fundamentada e por escrito, que são patentemente dilatórias ou impertinentes, cfr. n.º 1 do art. 414.º do referido Código do Trabalho. No Código do Trabalho Revisto este regime é afastado, com excepção se o despedimento respeitar a trabalhadora grávida, puérpera ou lactante ou a trabalhador em gozo de licença parental, cfr. n.ºs 1 e 2 do art. 356º. Ou seja, quando o procedimento disciplinar vise a aplicação da sanção de despedimento, e o trabalhador arguido não seja trabalhador em gozo de licença parental nem seja trabalhadora grávida, puérpera ou lactante, o empregador decide livremente se são realizadas ou não as diligências probatórias requeridas na Resposta à Nota de Culpa. Trata-se de uma decisão que não carece sequer de motivação. Esta é inevitavelmente uma alteração de monta, que à partida parece querer imprimir uma maior celeridade aos procedimentos disciplinares com vista ao despedimento[19-20]. Se é ver-

---

judicial ou extrajudicialmente, por aquele a quem aproveita, pelo seu representante ou, tratando-se de incapaz, pelo Ministério Público.".

[19] Esta alteração segue "uma tendência para a simplificação e informalização" do procedimento disciplinar, que se regista a partir de 1975, como bem notou Lobo Xavier em 1992, cfr. *Curso de Direito do Trabalho*, Verbo, 1992, pág. 503.

[20] Esta simplificação da carga procedimental teve como apoio a proposta da Comissão do Livro Branco das Relações Laborais. A Comissão do Livro Branco das Relações Laborais foi criada pela Resolução do Conselho de Ministros n.º 160/ /2006, publicada no Diário da República, 1ª Série, n.º 231, de 30 de Novembro, e tinha como missão reavaliar o quadro legal vigente, competindo-lhe nomeadamente propor as medidas e o conteúdo dos instrumentos legislativos necessários para o

dade que na fase instrutória são por vezes requeridas pelo trabalhador diligências desnecessárias cujo intento mais não é do que atrasar a decisão de despedimento, também não é menos verdade que a lei vigente permite um expediente de resposta que contraria a realização dessas diligências dilatórias: desde que se alegue por escrito e de forma fundamentada, semelhantes diligências não têm de ser realizadas[21]. Ou seja, o princípio ainda actual é o da obrigatoriedade da realização das diligências de prova solicitadas pelo trabalhador. E tanto assim é que a jurisprudência não tardou em retirar as consequências da não realização das diligências requeridas pelo trabalhador arguido, quando não fossem dilatórias, equiparando a não realização à falta da audiência do arguido. Como efeito, desta equiparação entendem os tribunais que a falta de audiência do arguido

---

cumprimento da sua missão. O resultado dos trabalhos levados a cabo pela Comissão do Livro Branco das Relações Laborais foi consubstanciado num relatório final, sob a designação de "Livro Branco das Relações Laborais". A Comissão do Livro Branco das Relações Laborais assumiu que a realização das diligências probatórias do procedimento disciplinar não têm valor probatório em sede judicial, para concluir que a sua imposição implica o alongamento da tramitação do procedimento, sem vantagem para o empregador ou para o trabalhador. Registamos todavia que se para o empregador parece certo não haver qualquer vantagem em prolongar um procedimento disciplinar, já poderá não ser assim para o trabalhador. Entendeu a Comissão do Livro Branco das Relações Laborais que o procedimento disciplinar que se estenda no tempo prejudica o trabalhador, que terá assim de suportar durante várias semanas ou mesmo alguns meses os inconvenientes do risco de despedimento que o processo sempre comporta, cfr. pág. 109 do Livro Branco das Relações Laborais. Contudo, e porquanto o empregador mantém o dever de proceder ao pagamento da retribuição, enquanto dura o procedimento disciplinar, não raro, sucede na prática, que o trabalhador, depois de conhecer a intenção de lhe ser aplicada a sanção mais gravosa, a expulsiva, utiliza esse tempo para economizar as quantias necessárias para poder aceder aos tribunais.

[21] Estipula o n.º 1 do art. 414.º do Código do Trabalho, aprovado pela Lei n.º 99/2003, de 27 de Agosto: "O empregador, por si ou através de instrutor que tenha nomeado, procede às diligências probatórias requeridas na resposta à nota de culpa, a menos que as considere patentemente dilatórias ou impertinentes, devendo, nesse caso, alegá-lo fundamentadamente por escrito".

gera a nulidade do procedimento, sendo a jurisprudência vezeira em fundamentar o direito de audiência do arguido num direito fundamental com assento constitucional. A alteração agora introduzida no Código do Trabalho Revisto vai obrigar a jurisprudência a limitar a extensão do direito de audiência do trabalhador, no sentido de se entender que esse direito se confina à consulta do processo e à apresentação de Resposta à Nota de Culpa, estando excluída a realização das diligências probatórias quando haja intenção de despedir e não se trate de trabalhadora grávida, puérpera ou lactante, ou de trabalhador em gozo de licença parental.

Sucede contudo que a não realização das diligências de prova requeridas pelo trabalhador encerra em si um perigo latente, sendo mesmo contraproducente na maioria das situações. Passamos a explicar: toda a prova produzida no procedimento disciplinar terá, caso o trabalhador venha a impugnar judicialmente a sanção proferida pelo empregador, de ser repetida em tribunal. Este é o regime vigente em matéria de lei adjectiva, não se antevendo nesta parte qualquer alteração na reforma que vier a ser empreendida ao Código de Processo do Trabalho[22] e já anunciada pelo legislador[23-24]. Ora se

[22] Cfr. Decreto-Lei n.º 480/99, de 9 de Novembro, com as alterações introduzidas pelos Decretos-Leis n.os 323/2001, de 17 de Dezembro, e 38/2003, de 8 de Março.

[23] Cfr. n.º 5 do art. 12.º e n.º 2 do art. 14.º. Prescreve o n.º 5 do art. 12.º: "A revogação dos artigos 414.º, 418.º, 430.º, 435.º, do n.º 2 do artigo 436.º e do n.º 1 do artigo 438.º do Código do Trabalho produz efeitos a partir da entrada em vigor da revisão do Código de Processo do Trabalho". Já o n.º 2 do art. 14.º estatuí que: "Os n.os 1, 3 e 4 do artigo 356.º, os artigos 358.º, 382.º e 387.º, o n.º 2 do artigo 389.º e o n.º 1 do artigo 391.º entram em vigor na data de início de vigência da legislação que proceda à revisão do Código de Processo do Trabalho.".

[24] Já haverá uma alteração significativa no Código de Processo do Trabalho se o legislador seguir a proposta do Livro Branco das Relações Laborais de se inverter a ordem da produção de prova em sede judicial, no sentido de primeiramente seja oferecida e produzida a prova do empregador e só depois desta a do trabalhador.

a prova terá de ser repetida em tribunal, pode pensar-se que não há nenhuma vantagem em duplica-la, ou seja fazê-la no procedimento disciplinar, para ter de a fazer novamente em sede judicial. Não é assim. Desde logo e numa perspectiva de estratégia processual o empregador que realize as diligências probatórias conhece antecipadamente os argumentos que o trabalhador virá a aduzir, caso impugne a sanção decidida, em sede judicial. Por outro lado, a realização das diligências probatórias requeridas pelo trabalhador permite ao empregador munir-se de mais alguns elementos que poderão facilitar a prova que tenha a vir de fazer em tribunal, da justa causa do despedimento. Partindo do princípio de que por exemplo, os depoimentos das testemunhas colhidos no procedimento disciplinar corresponderão àqueles que serão prestados em sede judicial, se houver impugnação da decisão disciplinar, o empregador tem todo o interesse em conhecer o seu sentido em momento anterior à aplicação da sanção de despedimento, e assim saber se esses depoimentos alicerçam o juízo de prognose da impossibilidade da manutenção da relação de trabalho, formulado aquando da Nota de Culpa. E facilitarão a prova que o empregador tenha de vir a fazer em tribunal, os testemunhos colhidos em procedimento disciplinar, de pessoas que tenham já esquecido os factos, cujo paradeiro seja simplesmente desconhecido e por isso se tenha frustrado a notificação pelo tribunal, ou mesmo que tenham falecido. Em abono da tese de que a não realização das diligências probatórias pode ser prejudicial há ainda o facto da decisão final do procedimento disciplinar ter de ser fundamentada[25]. Incidindo sob a decisão de despedimento este dever de

---

[25] Cfr. n.º 5 do art. 357.º: "A decisão deve ser fundamentada e constar de documento escrito". Com redacção igual, este era o regime vigente no n.º 2 do art. 415.º do Código do Trabalho, aprovado pela Lei n.º 99/2003, de 27 de Agosto, resultando ainda do n.º 4 daquele art. 415.º esse mesmo dever da decisão ser fundamentada, preceito este último que fruto da ligeira alteração de redacção que sofreu já não é integralmente repetido no Código do Trabalho Revisto.

fundamentação, a verdade é que a realização das diligências probatórias pode contribuir para a efectivação desta obrigação. Com efeito, as diligências probatórias podem ajudar na exposição de facto e de direito da decisão que esclareça concretamente a motivação do despedimento, pelo que não realizar aquelas pode comprometer a apreciação judicial que vier a recair sobre a sanção decidida pelo empregador. Não é despiciendo recordar que tal como já se estabelece no Código do Trabalho, aprovado pela Lei n.º 99/2003, de 27 de Agosto[26], na acção de apreciação judicial do despedimento, o empregador apenas pode invocar factos e fundamentos constantes de decisão de despedimento comunicada ao trabalhador, cfr. n.º 2 do art. 387.º. Nos termos supra expostos afigura-se prudente ao empregador ponderar, caso a caso, da necessidade das diligências probatórias requeridas na Resposta à Nota de Culpa, em detrimento de fazer uso imediato do direito agora consagrado, de se decidir, sem mais, pela não realização dessas diligências. Ponderação que deverá ser tanto maior consoante a prova que o próprio empregador se proponha fazer radique em depoimentos judiciais, e menor se essa prova se fundar em documentos que estão na sua posse. Obviamente que a necessidade de realização das diligências probatórias serão reduzidas se o empregador em momento anterior à recepção da Resposta à Nota de Culpa já havia realizado essas mesmas diligências[27].

A alteração agora promovida, não obstante todas as críticas de que pode ser alvo, revela coerência do legislador, estando de acordo com a importância conferida pela lei ao procedimento disciplinar em

[26] Cfr. n.º 3 do art. 435.º.

[27] Tal poderá suceder se tiver sido instaurado um procedimento prévio de inquérito, cfr. art. 352.º, ou não tendo existido esta fase, se antes da comunicação da Nota de Culpa e nos prazos estabelecidos no art. 329.º o empregador ouviu testemunhas que vieram mais tarde a ser indicadas pelo trabalhador na Resposta à Nota de Culpa, para serem ouvidas.

sede judicial. Não só porque, e como supra referido, toda a prova que seja produzida no procedimento disciplinar, se tiver sido realizada, terá, caso o trabalhador venha a impugnar judicialmente a sanção proferida pelo empregador, de ser repetida em sede de audiência de discussão e julgamento, como também pelos poderes que são atribuídos ao tribunal, quando entenda que a sanção decidida não foi proporcional[28] ou não foi adequada[29]. Como é sabido, quando o trabalhador recorre a tribunal para impugnar a sanção que lhe foi aplicada, ao tribunal cabe apenas revogar ou confirmar a sanção, não podendo substituir-se ao empregador na determinação da medida da sanção, nem mesmo no estabelecimento de outra sanção que porventura pudesse ter sido aplicável no procedimento disciplinar. Ou seja, entendendo o tribunal que a sanção decidida pelo empregador padece de invalidade, não pode o próprio tribunal aplicar outra sanção, pelo que o trabalhador fica sem qualquer punição[30]. Apesar de todas as regras que incidem sobre o procedimento disciplinar, o legislador não estabeleceu que a sanção decidida na sua sequência beneficia de

---

[28] Cfr. n.º 1 do art. 330.º: "A sanção disciplinar deve ser proporcional à gravidade da infracção e à culpabilidade do infractor, não podendo aplicar-se mais de uma pela mesma infracção.".

[29] Cfr. n.º 4 do art. 357.º: "Na decisão são ponderadas as circunstâncias do caso, nomeadamente as referidas no n.º 3 do artigo 351.º, a adequação do despedimento à culpabilidade do trabalhador e os pareceres dos representantes dos trabalhadores, não podendo ser invocados factos não constantes da nota de culpa ou da resposta do trabalhador, salvo se atenuarem a responsabilidade.".

[30] Como já tivemos oportunidade de salientar, vd. o nosso *Prática e Procedimentos do Processo Disciplinar*, pág. 53, este resultado é *de per si* criticável, não só por potenciar o número de acções judiciais intentadas por trabalhadores que pouco tem a perder na contenta judicial – com o consequente aumento de processos pendentes em juízo – como também por motivos de justiça, dado que esta solução pode beneficiar um trabalhador infractor que viu anulada a sanção, ficando impune, face àquele outro seu colega punido com sanção de menor gravidade, ainda que a infracção praticada por ambos tenha sido a mesma e o agravamento da sanção se tenha motivado no comportamento reincidente do primeiro.

qualquer presunção, ainda que ilidível, de licitude da sanção, valendo o procedimento disciplinar para efeitos probatórios como um documento particular[31]. Ou seja, com as imperfeições de que qualquer juízo redutor padece, por procurar ser sintetizador, dir-se-á que o procedimento disciplinar mais não é do que um mero formalismo legal. Como tal, e sendo determinante a apreciação judicial que se venha a fazer da sanção decidida pelo empregador, a decisão do legislador ao instituir o princípio de que a realização das diligências probatórias é facultativa parece-nos, não obstante entendermos que outro deveria ter sido o caminho seguido – no sentido de atribuir maior importância ao procedimento disciplinar – mais consentânea com a real importância que o procedimento disciplinar tem no ordenamento jurídico.

Ligada à alteração das diligências probatórias passarem a ser facultativas, há agora algumas questões que se podem configurar. Desde logo, a decisão de não realizar as diligências probatórias é uma decisão do empregador[32], ou é uma decisão que pode ser tomada por Instrutor nomeado pelo empregador[33]? Parece-nos, salvo melhor opinião, que a decisão de não realizar as diligências probatórias só pode ser do empregador, ou do superior hierárquico com competência disciplinar, à semelhança do que ocorre aquando da

---

[31] Cfr. art. 363.º e ss. do Código Civil e Acórdão da Relação de Évora de 24-05-1994, BMJ, 437.º, 613.

[32] Ou do superior hierárquico do trabalhador com competência disciplinar, cfr. n.os 2 e 4 do art. 329.º.

[33] Continua a admitir-se no Código do Trabalho Revisto que o empregador nomeie um Instrutor que, devidamente mandatado, proceda em seu nome à instrução do procedimento disciplinar, cfr. n.º 2 do art. 356.º. O cargo de Instrutor pode ser desempenhado, como frequentemente o é, por advogado, mas também por empregado, funcionário ou agente do empregador, o que não constitui relativamente a estes últimos actos próprios dos advogados, cfr. n.º 8 do art. 1.º da Lei n.º 49/2004, de 24 de Agosto.

instauração do procedimento disciplinar, cfr. n.º 4 do art. 329.º [34], em que há uma declaração instaurando o procedimento, quando é decidido suspender preventivamente o trabalhador, cfr. n.º 5 do art. 329.º e n.º 1 do art. 354.º, quando é comunicada a Nota de Culpa ao trabalhador, cfr. n.º 1 do art. 353.º ou quando é proferida a sanção, cfr. n.º 1 do art. 357.º. Assim, o empregador deve elaborar uma declaração onde afirme dispensar a realização das diligências probatórias, juntando-a aos autos. E desta decisão de não realizar as diligências probatórias requeridas pelo trabalhador, não tem o próprio trabalhador de ser notificado, uma vez que a lei não o exige, cfr. art. 356.º, não existindo qualquer ilicitude por ausência dessa notificação, cfr. art. 381.º e 382.º. Outra questão que urge resolver, é saber se a decisão de não realizar as diligências probatórias pode ser logo tomada quando seja iniciado o procedimento disciplinar, ou se só pode ser tomada depois de recebida a Resposta à Nota de Culpa? Atendendo-se à letra da lei, parece que o empregador pode, quando seja iniciado o procedimento disciplinar, decidir logo pela não realização das diligências, cfr. n.º 3 do art. 357.º *in fine*: "Se o empregador optar por não realizar as diligências probatórias requeridas pelo trabalhador, a decisão só pode ser tomada depois de decorridos cinco dias úteis após (...) a recepção da resposta à nota de culpa ou o decurso do prazo para este efeito". Ora admitindo-se que a decisão da sanção disciplinar só pode ser tomada cinco dias depois de terminado o prazo para receber a Resposta à Nota de Culpa, ainda que esta não tenha sido realizada, tal significa que pode ter existido uma decisão de não realização das diligências probatórias em momento anterior à recepção da defesa do trabalhador, que pode nunca chegar[35].

---

[34] O poder disciplinar pode ser exercido directamente pelo empregador, ou pelo superior hierárquico do trabalhador, cfr. n.º 4 do art. 329.º, enquanto vigorar o contrato de trabalho, cfr. art. 98.º.

[35] Salvo melhor opinião trata-se de um entendimento criticável. À partida, a decisão de não realizar as diligências probatórias deveria estar reservada para

Evidentemente, o empregador pode optar por não realizar as diligências probatórias apenas depois de recebida a Resposta à Nota de Culpa.

Esta alteração, das diligências probatórias passarem a ser facultativas entra em vigor apenas quando entrar em vigor o Código de Processo do Trabalho revisto, cfr. n.º 5 do art. 12.º da Lei n.º 7/2009, de 12 de Fevereiro.

2.3.2. *No procedimento disciplinar para aplicação de outra sanção que não o despedimento*

E quando o procedimento disciplinar não visar a aplicação do despedimento, mas sim a aplicação de outra sanção? As diligências instrutórias são obrigatórias? Para quem, como nós[36], vinha defendendo que o art. 414.º do Código do Trabalho correspondia ao regime regra do procedimento disciplinar, ainda que a intenção do

---

momento posterior à recepção da Resposta à Nota de Culpa, pois só nessa altura é que o empregador toma conhecimento do conteúdo da defesa do trabalhador e das eventuais diligências por este requeridas. Por outro lado, a doutrina que resulta do n.º 3 do art. 357.º pode conduzir a resultados despropositados: um empregador que opte pela não realização das diligências probatórias em momento anterior à Resposta à Nota de Culpa, e caso o trabalhador não venha a realizar a Resposta à Nota de Culpa, ou vindo a fazê-lo, não requeira quaisquer diligências, terá de aguardar na mesma cinco dias úteis, prazo este a que a já não deve obediência o empregador que nada tenha decidido antes de recebida a Resposta à Nota de Culpa. De modo a evitar semelhante resultado, ou seja, ter de aguardar cinco dias úteis, o melhor será que o empregador, quando pretenda optar pela não realização das diligências probatórias em momento anterior à recepção da Resposta à Nota de Culpa, faça depender essa sua decisão do requerimento efectivo de diligências probatórias por parte do trabalhador, ou seja mediante condição suspensiva, cfr. art 270.º do Código Civil, o que poderá fazer através da seguinte declaração exemplificativa: "Caso venham a ser requeridas pelo trabalhador diligências probatórias, decide-se pela sua não realização.".

[36] Vd. o nosso *Prática e Procedimentos do Processo Disciplinar*, pág. 9 e 35 e ss..

empregador não fosse aplicar o despedimento[37], o art. 356.º será aplicável também nestas situações, podendo o empregador decidir não realizar as diligências probatórias requeridas pelo trabalhador na Resposta à Nota de Culpa. Quem entenda que o consagrado no art. 356.º vale apenas quando o procedimento disciplinar tem em vista o despedimento, então a realização das diligências probatórias, quando o procedimento disciplinar vise a aplicação de outra sanção que não o despedimento, é obrigatória. Em abono deste último entendimento, sempre se diga que até aqui, a jurisprudência tem considerado[38] que a inclusão a nível constitucional, no n.º 10 do art. 32.º da Constituição da República Portuguesa, do direito de audiência e defesa no âmbito do procedimento disciplinar, conduziu à caracterização desse direito como um direito análogo aos direitos, liberdades e garantias, pelo que a falta da audiência do arguido em processo sancionatório implica a ofensa do conteúdo essencial de um direito fundamental, originando a nulidade do procedimento. Esta apontada caracterização impõe ainda, segundo a jurisprudência, que se apliquem subsidiariamente, com as necessárias adaptações, as regras da lei processual penal que se destinem a preservar o núcleo essencial do direito de defesa e audiência, começando por aquelas que visem assegurar um tratamento justo e imparcial do arguido, impondo ainda que a falta de audiência das testemunhas de defesa indicadas na Resposta à Nota de Culpa equivale à falta de audiência do trabalhador. Contudo, parece-nos, salvo melhor opinião, que a licitude da realização ou não das diligências indicadas na Resposta à Nota de Culpa não deve decorrer da prática de um mero formalismo – o de o empregador comunicar ao trabalhador a sua intenção de despedir

---

[37] Em sentido contrário, de que não existe qualquer regime regra, mas apenas que o procedimento é distinto consoante a aplicação da sanção seja de despedimento ou não, cfr. Lobo Xavier, *Iniciação ao Direito do Trabalho*, págs. 178 e 290 e ss.

[38] Cfr., por todos, Acórdão do Supremo Tribunal de Justiça, de 24-09-2003, Proc. 6732/01, sumários em www.dgsi.pt.

na Nota de Culpa – formalismo esse, que não sendo realizado pode ditar a mais grave consequência jurídica: a nulidade do procedimento. Ou seja, para quem entenda que o art. 356.º é apenas aplicável quando se vise o despedimento, ainda que o empregador não tenha intenção de aplicar a sanção de despedimento, mas pretenda não realizar as diligências probatórias, haverá nulidade do procedimento se o empregador levar adiante esse seu ensejo de não realizar os actos de instrução[39], cominação que afastará se comunicar ao trabalhador uma intenção que não tem. Semelhante tese, a de que seria legítimo ao empregador comunicar uma intenção que não é a sua, não pode preceder, sob pena do empregador incorrer em abuso de direito, art. 334.º do Código Civil[40].

Sufragando-se o entendimento que defendemos, o empregador só pode decidir pela não realização das diligências probatórias, quando o procedimento disciplinar vise a aplicação de outra sanção que não o despedimento, apenas quando entrar em vigor o Código de Processo do Trabalho revisto, cfr. n.º 5 do art. 12.º da Lei n.º 7/2009, de 12 de Fevereiro.

2.4. *O regime supletivo do parecer da comissão de trabalhadores*

Outra inovação trazida pelo Código do Trabalho Revisto encontra-se consagrada no n.º 6 do art. 356.º. Prevê-se, que após a recepção da Resposta à Nota de Culpa ou a conclusão das diligências

[39] Nulidade por, como se deixou supra dito, a falta de audiência das testemunhas de defesa indicadas na Resposta à Nota de Culpa ser entendida pela jurisprudência como equivalente à falta de audiência do próprio trabalhador.

[40] Prescreve o art. 334.º do Código Civil: "É ilegítimo o exercício de um direito, quando o titular exceda manifestamente os limites impostos pela boa fé, pelos bons costumes ou pelo fim social ou económico desse direito.". Para maiores desenvolvimentos ver Menezes Cordeiro, Tratado de Direito Civil Português, Tomo I, Livraria Almedina, Março 1999, pág. 191 e seguintes.

probatórias, o empregador apresenta cópia integral do processo à comissão de trabalhadores e, caso o trabalhador seja representante sindical, à associação sindical respectiva, que podem fazer juntar ao processo o seu parecer fundamentado[41]. Nos termos do novo n.º 6 do art. 356.º, o trabalhador pode comunicar ao empregador, nos três dias úteis posteriores à recepção da Nota de Culpa, que o parecer sobre o processo é emitido por determinada associação sindical, não havendo nesse caso lugar a apresentação de cópia do processo à comissão de trabalhadores. Esta norma confere assim um poder potestativo ao trabalhador, o qual pode escolher, em detrimento da comissão de trabalhadores da empresa, a emissão de parecer por uma determinada associação sindical. A intenção do legislador, ao acrescentar este novo preceito, parece ter sido tornar útil a emissão de um parecer, uma vez que, como é sabido, as comissão de trabalhadores são, no nosso ordenamento, em escasso número, o que na prática tem inviabilizado, para os trabalhadores que não sejam representantes sindicais, a junção ao procedimento de quaisquer pareceres. Para tanto, a nova solução consagra como regime supletivo a apreciação do procedimento disciplinar pela comissão de trabalhadores. Quando não haja lugar à aplicação do regime supletivo, particularmente por o trabalhador ter informado tempestivamente que o parecer será proferido por associação sindical por si identificada, privilegiam-se as organizações sindicais face às comissões de trabalhadores[42].

---

[41] No prazo de cinco dias úteis, cfr. n.º 5 do art. 356.º.

[42] Regista-se agora uma tendência da inversão do caminho trilhado pelo legislador. A partir de finais de 1975, e em particular com a entrada em vigor do Decreto-Lei n.º 84/76, de 28 de Janeiro, passou a privilegiar-se as comissões de trabalhadores face às organizações sindicais relativamente à apreciação dos processos disciplinares cfr. Lobo Xavier, *A Recente Legislação dos Despedimentos (O processo disciplinar na rescisão por justa causa)*, R.D.E.S., Coimbra, 1976, pág. 167 e ss..

Atenta a redacção do n.º 6 do art. 356.º, impõe-se fazer uma reflexão: a associação sindical que o trabalhador há-de querer que se pronuncie relativamente ao procedimento disciplinar é qualquer uma, ainda que nada se relacione com a actividade do trabalhador? Atendendo ao elemento literal do n.º 6 do art. 356.º, poder-se-ia pensar que a associação sindical é qualquer uma, independentemente de nela o trabalhador estar filiado. Contudo, não é assim. O n.º 6 do art. 356.º deve ser interpretado em conjunção com o disposto noutras normas, em particular com aquelas que disciplinam as estruturas de representação colectiva dos trabalhadores, onde as associações sindicais se integram[43]. As associações sindicais visam a defesa e prossecução colectivas dos direitos e interesses dos trabalhadores[44], e podem assumir uma das várias classificações admitidas por lei, sendo a mais vulgarizada destas últimas o sindicato[45]. Para o efeito, as associações sindicais, têm, entre outros, o direito a iniciar e intervir em processos judiciais e em procedimentos administrativos quanto a interesses dos seus associados, bem como o direito de prestar serviços de carácter económico e social aos seus associados[46]. Para

---

[43] Cfr. Título III, Direito Colectivo, art.os 404.º e ss..

[44] Cfr. alínea a) do art. 404.º.

[45] Cfr. n.º 1 do art. 442.º: "No âmbito das associações sindicais, entende-se por: a) Sindicato, a associação permanente de trabalhadores para defesa e promoção dos seus interesses sócio-profissionais; b) Federação, a associação de sindicatos de trabalhadores da mesma profissão ou do mesmo sector de actividade; c) União, a associação de sindicatos de base regional; d) Confederação, a associação nacional de sindicatos, federações e uniões; e) Secção sindical, o conjunto de trabalhadores de uma empresa ou estabelecimento filiados no mesmo sindicato; f) Delegado sindical, o trabalhador eleito para exercer actividade sindical na empresa ou estabelecimento; g) Comissão sindical, a organização dos delegados sindicais do mesmo sindicato na empresa ou estabelecimento; h) Comissão intersindical, a organização, a nível de uma empresa, dos delegados das comissões sindicais dos sindicatos representados numa confederação, que abranja no mínimo cinco delegados sindicais, ou de todas as comissões sindicais nela existentes.".

[46] Cfr. alínea d) e alínea a) do art. 443.º, respectivamente. Apesar de se admitir a prestação de serviços de carácter económico e social aos seus associados, as

que uma associação sindical possa então intervir em determinado procedimento disciplinar, o trabalhador terá de ser associado da mesma. E apesar de vigorar entre nós o princípio da liberdade de inscrição sindical, semelhante liberdade não é plena, mas antes é subordinada pela lei à representação, pelo sindicato, da categoria do trabalhador[47]. E nesta matéria, há ainda que atender à proibição do trabalhador se encontrar simultaneamente filiado, a título da mesma profissão ou actividade, em sindicatos diferentes, podendo contudo o trabalhador desfiliar-se, a todo o tempo, do sindicato onde se encontra inscrito, desde que o comunique, por escrito, com a antecedência mínima de trinta dias. Como tal, resulta da lei uma restrição clara à legitimidade da intervenção das associações sindicais nos procedimentos disciplinares. Por outras palavras, a escolha do trabalhador por determinada associação sindical para que esta emita um parecer no âmbito do procedimento disciplinar que lhe foi instaurado, está sujeita a limites objectivos e subjectivos cuja verificação cabe num primeiro momento à própria associação sindical: necessidade de filiação do próprio trabalhador e o exercício por este de uma profissão cujos interesses a associação sindical defenda e promova, nos termos dos seus próprios estatutos.

Ainda que o empregador decida não realizar as diligências probatórias requeridas na Resposta à Nota de Culpa, quando esta alteração entrar em vigor, não fica dispensado de apresentar cópia integral do processo à comissão de trabalhadores, se existir, ou a associação sindical escolhida pelo trabalhador e, caso o trabalhador seja representante sindical, à associação sindical respectiva.

Estranhamente agora, no Código do Trabalho Revisto, o não envio pelo empregador de cópia do processo à comissão de traba-

---

associações de empregadores não podem dedicar-se à produção ou comercialização de bens ou serviços, ou de qualquer modo intervir no mercado, restrição que, estranhamente, não é aplicável às associações sindicais, cfr. n.º 3 do mesmo art. 443.º.

[47] Cfr. n.º 1 do art. 444.º.

lhadores ou à associação sindical para emissão de parecer deixou de ter qualquer outra consequência que não seja a responsabilidade contra-ordenacional, cfr. n.º 7 do art. 356.º e art. 382.º.

2.5. *O prazo dilatório para proferir a decisão quando tenha sido decidido não realizar as diligências probatórias*

Não havendo, por decisão do empregador, lugar às diligências probatórias requeridas pelo trabalhador na Resposta à Nota de Culpa, o Código do Trabalho Revisto estabelece, como se deixou supra referido, um prazo de cinco dias úteis dentro do qual a decisão não poder ser proferida[48], cfr. n.º 3 do art. 357.º. Pretende-se com a instituição deste prazo obrigar a um período mínimo de reflexão do empregador. O prazo de cinco dias úteis conta-se a partir da recepção dos pareceres dos representantes dos trabalhadores, ou o decurso do prazo para este efeito ou, "caso não exista comissão de trabalhadores e o trabalhador não seja representante sindical, após a recepção da resposta à nota de culpa ou o decurso do prazo para este efeito.", cfr. o mesmo n.º 3 do art. 357.º. Ou seja, mantendo-se a regra de que o empregador dispõe de trinta dias para proferir a decisão, sob pena de caducidade, cfr. n.º 1 do art. 357.º[49], e da

[48] Trata-se de um prazo dilatório, ou seja, difere para certo momento a possibilidade de realização de um acto ou o início da contagem de um outro prazo, cfr. n.º 2 do art. 145.º do C.P.C.. Como se dirá infra, a não observação deste não determina a invalidade da sanção de despedimento, quando seja esta sanção a aplicada, cfr. n.º 2 do art. 389.º caso sejam declarados procedentes os motivos justificativos invocados para o despedimento.

[49] O prazo de trinta dias conta-se a partir da recepção dos pareceres da comissão de trabalhadores e da associação sindical ou decorrido o prazo para esse efeito, ou quando não exista comissão de trabalhadores e o trabalhador não seja representante sindical, a partir da última diligência de instrução, cfr. n.º 1 e 2 do art. 357.º. A referência de que contagem do prazo de trinta dias, quando não exista comissão de trabalhadores e o trabalhador não seja representante sindical, se inicia

interpretação conjunta desta norma com o n.º 3 do art. 357.º, parece resultar que o prazo dos cinco dias úteis não é cumulativo com o prazo dos trinta dias. Não haverá acréscimo. A decisão do empregador, quando opte por não realizar as diligências probatórias requeridas pelo trabalhador, deve ser tomada em trinta dias, havendo a obrigatoriedade de aguardar, dentro desse prazo, o decurso do prazo dos cinco dias úteis.

Esta alteração entra em vigor apenas quando entrar em vigor o Código de Processo do Trabalho revisto, cfr. n.º 5 do art. 12.º da Lei n.º 7/2009, de 12 de Fevereiro.

2.6. *O procedimento disciplinar em microempresa*

Relativamente ao procedimento disciplinar em microempresa, quando se vise a aplicação de despedimento, mantêm-se a previsão de uma norma especial no Código do Trabalho Revisto, cfr. art. 358.º. Comparativamente ao Código do Trabalho, aprovado pela Lei

---

com a última diligência de instrução é uma inovação do Código do Trabalho Revisto. Contudo, o Código do Trabalho Revisto não esclarece se a última diligência de instrução é a que foi requerida pelo trabalhador na Resposta à Nota de Culpa, ou se é qualquer diligência de instrução realizada pelo empregador, ou pelo Instrutor por si nomeado. No Livro Branco das Relações Laborais, cfr. pág. 110, propôs-se expressamente na redacção do n.º 2 do art. 415.º do Código do Trabalho, aprovado pela Lei n.º 99/2003, de 27 de Agosto, que o prazo contaria a partir da última diligência de instrução realizada tanto por decisão do empregador como a requerimento do trabalhador. Na jurisprudência, os Acórdãos da Relação do Porto de 19-12-2005, sumários em www.dgsi.pt, e da Relação de Lisboa de 28-11-2007, sumários em www.dgsi.pt, entenderam que o prazo se conta a partir da última diligência instrutória requerida pelo trabalhador. Em sentido divergente, de que a última diligência instrutória é qualquer uma, indiferentemente de solicitada pelo trabalhador ou indicada pelo empregador, desde que da realização dessa diligência resulte a possibilidade de se concluir que a gravidade e a culpabilidade do infractor é menor face aos factos imputados na Nota de Culpa, vd. o nosso *Prática e Procedimentos do Processo Disciplinar*, pág. 43 e ss..

n.º 99/2003, de 27 de Agosto, constata-se desde logo no Código do Trabalho Revisto uma ligeira alteração relativa ao conceito de micro-empresa, passando a entender-se enquanto tal as empresas que empreguem até dez trabalhadores, sendo que se empregar dez trabalhadores já é considerada pequena empresa[50]. No Código do Trabalho, aprovado pela Lei n.º 99/2003, de 27 de Agosto considerava-se microempresa aquela que empregue no máximo dez trabalhadores[51]. Na senda das alterações introduzidas a respeito das diligências de prova requeridas na Resposta à Nota de Culpa, que passaram a ser facultativas, quando o procedimento disciplinar corra termos em microempresas, o preceito relativo a este tipo de empresas foi adaptado em consonância, mantendo-se a sua obrigatoriedade apenas quando o despedimento seja de trabalhadora grávida, puérpera ou lactante ou a trabalhador no gozo de licença parental[52]. Outra alteração premente prende-se com a eliminação no Código do Trabalho Revisto da norma equivalente àquela que se acha estabelecida no n.º 2 do art. 418.º do Código do Trabalho, aprovado pela Lei n.º 99/2003. Com esta supressão, o trabalhador deixa de estar restringido na sua defesa, quando haja lugar à realização das diligências probatórias, à audição das testemunhas que indicar, uma vez que essa era a única diligência de prova que poderia ser cumprida, podendo agora ser realizada, por exemplo uma peritagem.

Esta alteração entra em vigor apenas quando entrar em vigor o Código de Processo do Trabalho revisto, cfr. n.º 5 do art. 12.º da Lei n.º 7/2009, de 12 de Fevereiro. O conceito de microempresa, esse, entrou em vigor no dia 17 de Fevereiro de 2009, quando entrou em vigor a Lei n.º 7/2009, de 12 de Fevereiro.

---

[50] Cfr. alíneas a) e b) do n.º 1 do art. 100.º.

[51] Cfr. alínea a) do n.º 1 do art. 91.º do Código do Trabalho, aprovado pela Lei n.º 99/2003, de 27 de Agosto.

[52] Cfr. n.º 1 do art. 358.º, *a contrario*.

2.7. *Consequência da não aplicação tempestiva da sanção disciplinar*

Mantêm-se no Código do Trabalho Revisto, o entendimento de que a aplicação da sanção só pode ter lugar nos três meses subsequentes à decisão, n.º 2 do art. 330.º, tendo-se agora acrescentado sob pena de caducidade. O efeito jurídico de não aplicação da sanção no prazo de três meses resultava já das regras gerais, cfr. n.º 2 do art. 298.º do Código Civil, pelo que a redacção do novo n.º 2 do ar. 330.º nada trouxe de novo, tendo-se limitado a clarificar a consequência jurídica da inércia do empregador.

2.8. *Alargamento da presunção de aplicação de sanção abusiva*

Outra alteração trazida pelo Código do Trabalho Revisto prendese com o alargamento da presunção de aplicação de sanção abusiva. Vigorava já no ordenamento jurídico português, antes mesmo do Código do Trabalho, aprovado pela Lei n.º 99/2003, de 27 de Agosto, uma presunção[53] de que a aplicação de uma qualquer sanção[54] se considerava abusiva, até seis meses após o trabalhador: ter reclamado legitimamente contra as condições de trabalho, se ter recusado a cumprir ordens a que não devesse obediência ou exercer, ter exercido, pretender exercer ou invocar direitos e garantias que lhe assis-

[53] Presunção ilidível, ou seja, pode ser afastada mediante prova em contrário, cfr. n.º 2 do art. 350.º do Código Civil.

[54] Englobando assim a sanção de despedimento sem indemnização ou compensação, cfr. alínea f) do n.º 1 do art. 328.º do Código do Trabalho Revisto. Não obstante, o legislador tem vindo a estabelecer, desde a LCT, em termos expressos que a presunção abrange o despedimento, cfr. n.º 2 do art. 32.º da LCT, n.º 2 do art. 374.º do Código do Trabalho aprovado pela Lei n.º 99/2003, de 27 de Agosto e n.º 2 do art. 331.º.

tem. A *ratio* da presunção é acautelar os casos em que, sob a aparência de uma infracção disciplinar, o que o empregador pretende verdadeiramente é, sob a aparência de uma outra infracção, punir um comportamento anterior e legítimo do trabalhador, o que faz posteriormente, como forma de retaliação. No Código do Trabalho Revisto, há uma extensão da aplicação da presunção que passa a incluir também a sanção motivada pelo facto do trabalhador exercer ou candidatar-se ao exercício de funções em estrutura de representação colectiva dos trabalhadores, cfr. alínea a) do n.º 2 e alínea c) do n.º 1 do art. 331.º. O alargamento da presunção no Código do Trabalho Revisto revela-se ainda no período de tempo necessário para a presunção funcionar, que mantendo-se, em regra, nos seis meses posteriores aos comportamentos legítimos do trabalhador supra referidos, passa agora a poder ir até um ano após o trabalhador ter reclamado ou exercido de qualquer outra forma os seus direitos, em matéria de igualdade e não discriminação, cfr. alínea b) do n.º 2 do art. 331.º.

2.9. *Pronuncia obrigatória pelo tribunal sobre a verificação e precedência dos motivos invocados para o despedimento*

Outra inovação trazida pelo Código do Trabalho Revisto é a que obriga o tribunal a pronunciar-se, em todos os casos que lhe sejam submetidos, sobre a verificação e procedência dos motivos invocados para o despedimento, cfr. n.º 4 do art. 387.º. Esta alteração é um reflexo de uma outra inovação vertida no Código do Trabalho Revisto relativamente aos efeitos da ilicitude do despedimento, os quais passam a ser distintos consoante o despedimento padeça de vícios formais causados por mera irregularidade ou também padeça de falta de fundamento, distinção que trataremos seguidamente. Esta doutrina obrigará, certamente, a um acréscimo de trabalho por parte dos juízes, tendo como vantagens intrínsecas não só uma maior clareza das decisões judiciais, como também obrigar os tribunais a conhecer dos motivos justificativos do empregador para ter procedido ao despedimento.

Esta alteração entra em vigor apenas quando entrar em vigor o Código de Processo do Trabalho revisto, cfr. n.º 5 do art. 12.º da Lei n.º 7/2009, de 12 de Fevereiro.

2.10. *A mera irregularidade formal*

O Código do Trabalho, aprovado pela Lei n.º 99/2003, de 27 de Agosto introduziu *ex novo* a figura da reabertura do processo disciplinar para corrigir alguns vícios formais, solução que trouxe mais dúvidas do que resultados[55]. Em lugar deste regime, e como se disse supra, há uma inovação relevante que termina com aquela figura. Nos termos do Código do Trabalho Revisto, a inovação ora consa-

---

[55] Cfr. n.º 2 do art. 436.º do Código do Trabalho, aprovado pela Lei n.º 99/ /2003. Como tivemos oportunidade de escrever, vd. o nosso *Prática e Procedimentos do Processo Disciplinar*, pág. 52: "(...) tratando-se de procedimento disciplinar de onde tenha resultado a aplicação de despedimento, e apenas quando tenha sido esta a sanção decidida, não tendo sido cumpridos os requisitos de validade, não mais o desvalor jurídico é a nulidade absoluta, como determinava a legislação anterior ao Código do Trabalho, mas uma mera anulabilidade. Ou seja, quando tenha faltado a comunicação de intenção de despedimento junta à Nota de Culpa, quando não tenham sido circunstanciados o lugar, tempo e modo da infracção, quando não tenha sido respeitado o contraditório nos termos dos arts. 413.º, 414.º e n.º 2 do art. 418.º, quando aplicável, e quando a Decisão Final bem como os seus fundamentos, não tenham constado de documento escrito, a consequência será a anulabilidade. Permite-se então a sanação desses vícios mediante reabertura do procedimento disciplinar, quando tenha havido impugnação judicial do despedimento pelo trabalhador. Quando assim tenha sucedido, pode o empregador, até ao termo do prazo para apresentar a contestação à acção judicial de impugnação de despedimento, corrigir os erros que originaram a invalidade, iniciando-se novo prazo de um ano para aplicar a sanção disciplinar, o que pode fazer apenas numa única ocasião (...)".

grada determina que quando ocorra uma mera irregularidade formal, se forem procedentes em tribunal, os motivos justificativos do despedimento, o trabalhador tem direito a apenas metade da indemnização que auferiria caso a ilicitude de despedimento não fosse determinada por uma mera irregularidade formal, cfr. n.º 2 do art. 389.º. Quando assim seja, não tem o trabalhador direito à reintegração. E isto significa também que o trabalhador passa a deixar de receber, quando haja uma mera irregularidade formal, os chamados salários intercalares, entre a comunicação do despedimento e a sentença do tribunal, e que tem constituído a maior parte das quantias recebidas até aqui pelos trabalhadores. E quais são os vícios formais causados por mera irregularidade, desde que sejam declarados procedentes os motivos justificativos invocados para o despedimento, que determinam a aplicação deste novo regime? De acordo com o n.º 2 do art. 389.º, preceito que entendemos taxativo, e não exemplificativo, os vícios formais causados por mera irregularidade formal tanto podem ser originados por omissão das diligências probatórias referidas nos n.os 2 e 3, do artigo 356.º, como por inobservância do prazo referido no n.º 3 do artigo 357.º[56]. Esta solução, ao tratar diferentemente situações distintas, afigura-se mais equilibrada e portanto mais justa.

Esta alteração entra em vigor apenas quando entrar em vigor o Código de Processo do Trabalho revisto, cfr. n.º 5 do art. 12.º da Lei n.º 7/2009, de 12 de Fevereiro.

---

[56] Já não deverá consubstanciar uma mera irregularidade fundada em deficiência de procedimento, mas sim a ilicitude do despedimento, a inobservância do prazo previsto na alínea c) do n.º 3 art. 358.º, segundo o qual o empregador, caso opte por não realizar as diligências probatórias requeridas pelo trabalhador, deve proferir a decisão final decorridos cinco dias úteis após a recepção da Resposta à Nota de Culpa, e até 30 dias após esta data. Compreende-se esta doutrina, dado o procedimento disciplinar em microempresa já beneficiar de uma tramitação mais célere face ao procedimento que corra termos noutra empresa que empregue maior número de trabalhadores, não havendo motivos para beneficiar ainda mais o empregador deste tipo de empresas.

2.11. *Novo prazo de impugnação do despedimento*

De grande relevo é a alteração introduzida relativamente ao prazo de impugnação. O Código do Trabalho Revisto reduz para sessenta dias o prazo para ser intentada a acção de apreciação judicial de ilicitude de despedimento, contado a partir da recepção da comunicação de despedimento, cfr. n.º 2 do art. 387.º[57]. Ao trabalhador basta, inicialmente apresentar no tribunal um requerimento, não sendo necessário nesta fase socorrer-se de advogado. Apesar de não ser necessário, é aconselhável fazê-lo. Com este prazo substancialmente mais curto, o contacto com advogado deve ser um acto contínuo ao despedimento. Estranha-se contudo que este novo prazo tenha uma duração tão curta face ao prazo de impugnação do despedimento colectivo, o que sucede sem que para tal haja uma fundamentação. Para os empregadores esta solução trazida pelo Código do Trabalho Revisto é benéfica, pois permite conhecer mais cedo a posição dos trabalhadores relativamente à sanção disciplinar que lhes foi aplicada.

Esta alteração entra em vigor apenas quando entrar em vigor o Código de Processo do Trabalho revisto, cfr. n.º 5 do art. 12.º da Lei n.º 7/2009, de 12 de Fevereiro.

Assim, temos para nós que as alterações supra tratadas constituem as inovações trazidas pelo Código do Trabalho Revisto ao Procedimento Disciplinar. Se à primeira vista pareciam em número reduzido, uma análise mais profunda permite concluir que mais do que a quantidade, é a extensão das alterações que introduz um verdadeiro novo regime do Procedimento Disciplinar.

---

[57] O prazo estabelecido no Código do Trabalho, aprovado pela Lei n.º 99/ /2003, de 27 de Agosto, é de um ano, a contar da data do despedimento, cfr. n.º 2 do art. 435.º.

3. Conclusão

Se é certo que o Código do Trabalho, aprovado pela Lei n.º 99/ /2003, de 27 de Agosto já previa que, decorridos quatro anos após o seu início de vigência, se procederia a uma revisão das suas disposições[58], a verdade é que o Código do Trabalho Revisto foi mais longe, alterando significativamente a estrutura do diploma. Esta instabilidade da legislação laboral não traz nenhum benefício para quem tem de conhecer e por em prática os seus comandos normativos, sejam eles empregadores, trabalhadores, sindicatos, comissões de trabalhadores, associações de empregadores, tribunais, advogados ou mesmo a própria administração do trabalho. Como se não fosse suficiente, e como evidenciado, há um número vasto de matérias que continuará a reger-se pelo Código do Trabalho, aprovado pela Lei n.º 99/2003, de 27 de Agosto, pela Lei que Regulamenta o Código do Trabalho[59], e pelo Código de Processo do Trabalho, enquanto não é aprovada e publicada nova legislação, o que traz uma complexidade suplementar na fixação do regime aplicável. Regime que interessa até para aferir, em alguns casos, se determinado comportamento de um trabalhador configura ou não uma infracção disciplinar.

Em termos substanciais, o Código do Trabalho Revisto representa, uma solução de continuidade da reforma realizada em 2003 e não, uma ruptura. No essencial não parece poder falar-se de uma verdadeira reforma dos resultados a que o legislador já havia chegado com o anterior Código do Trabalho. E neste sentido, constata-se que muitas das medidas que chegaram a ser veiculadas à comunicação social como integrantes da futura legislação laboral, como o aumento

---

[58] Cfr. artigo 20.º da própria Lei n.º 99/2003, de 27 de Agosto.

[59] Cfr. Lei n.º 35/2004, de 29 de Julho, com as alterações introduzidas pela Lei n.º 9/2006, de 20 de Março, e pelo Decreto-Lei n.º 164/2007, de 3 de Maio.

da taxa social única como forma de combater prestações de serviços e contratos a termo ou, e agora mais próximo da matéria abordada neste estudo, o princípio de que o Estado suportaria os custos das retribuições intercalares superiores a um ano, não o vieram de facto a ser[60]. Neste ponto em concreto, e tendo em conta, exemplificadamente, o elevado número de processos pendentes no Tribunal do Trabalho de Lisboa[61], vai manter-se a prática de que a ineficiência do sistema judicial é suportada pelas empresas, quando são condenadas no pagamento das retribuições intercalares, sabido que é constituírem estas, no comum dos casos, e fruto do distanciamento temporal entre o despedimento e a decisão judicial, a parte preponderante na quantia total efectivamente recebida pelo trabalhador.

Se existem soluções fracturantes no Código do Trabalho Revisto é em matéria de tramitação do procedimento disciplinar e de despedimento por facto imputável ao trabalhador que se manifestam, mais do que em quaisquer outras disciplinas. De registar que a maioria das soluções adoptadas nestas matérias seguiram, as propostas da Comissão do Livro Branco das Relações Laborais.

Em virtude das críticas precedentes, como súmula final, julgamos poder concluir que o legislador deveria ter dado maior relevância às críticas que a doutrina vem fazendo na interpretação das normas do procedimento disciplinar, e que na sua maioria se mantêm, pelo que se poderia, e deveria, ter ido muito mais longe na regulação do procedimento disciplinar. Na realidade, o Código do Trabalho Revisto

---

[60] Propunha-se no Livro Branco das Relações Laborais a consagração, à semelhança do que ocorre no ordenamento jurídico espanhol, de um sistema em que o Estado português suportasse o custo dos salários intercalares, quando a acção judicial se prolongasse, custo esse que deveria suster pelo menos em parte, ou nos casos mais graves.

[61] Em 2008, era sobejamente conhecido que em Lisboa, as decisões da primeira instância demoravam mais de dois anos, cfr. http://ww1.rtp.pt/noticias/index.php?headline=98&visual=25&article=332246&tema=27 e http://www.tvi.iol.pt/informacao/noticia.php?id=1022212.

tinha a oportunidade de poder resolver se não todas, pelo menos grande parte das questões com que amiúde se deparam empregadores e trabalhadores no decorrer da instrução de um procedimento disciplinar, oportunidade que entendemos perdida. Questões como onde deve o procedimento disciplinar permanecer para consulta, se é admissível a prorrogação de prazos para consulta do procedimento e para apresentar a Resposta à Nota de Culpa, onde deve ocorrer a inquirição das testemunhas – quando houver lugar a esta –, ou se é aceitável que inferiores hierárquicos comuniquem ao superior hierárquico com competência disciplinar factos susceptíveis de acção disciplinar, que eram do seu conhecimento desde a sua ocorrência, passado largo tempo – dez meses, por exemplo – continuam no novo diploma sem resposta. E perdeu igualmente o Código do Trabalho Revisto, o ensejo de se conferir aos tribunais o poder de aplicar outras sanções que não aquela que foi invalidada, em detrimento de poderem apenas revogar ou confirmar a sanção, sendo que quando a sanção é revogada, não pode o próprio tribunal aplicar outra sanção, ficando o trabalhador sem qualquer punição. Além destas, equacionando-se agora, como julgamos ter antevisto, outras tantas questões que, fruto de deficiente redacção, menor experiência, descuido ou até por intenção do legislador, caberá à jurisprudência e à doutrina encontrar a resposta.

A seu tempo veremos se o principal propósito de conferir ao procedimento disciplinar uma maior celeridade foi atingido, ou se pelo contrário, a reforma da legislação laboral teve como efeito capital aumentar o recurso aos tribunais, dilatando no tempo a determinação da situação do trabalhador e da empresa.

4. Bibliografia

ANTUNES, CARLOS / GUERRA, AMADEU, *Despedimentos e Outras Formas de Cessação do Contrato de Trabalho*, Coimbra, 1984;

ARNAUT, ANTÓNIO,
- *Estatuto da Ordem dos Advogados Anotado*, 9.ª Edição, Coimbra Editora, Março 2005;
- *Iniciação à Advocacia*, 6.ª Edição, Coimbra Editora, 2002;
- *O Novo Estatuto da Ordem dos Advogados*, Boletim da Ordem dos Advogados n.º 37, 2005;

ASCENSÃO, JOSÉ DE OLIVEIRA, *O Direito, Introdução e Teoria Geral*, 10.ª Edição, livraria Almedina, Coimbra, 1997;

BAPTISTA, ALBINO MENDES, *Estudos sobre o Código do Trabalho*, 2.ª Edição, Coimbra Editora, Novembro 2006;

COMISSÃO DO LIVRO BRANCO DAS RELAÇÕES LABORAIS, *Livro Branco das Relações Laborais*, Ministério do Trabalho e da Solidariedade Social, 1.ª Edição, Dezembro 2007;

CORDEIRO, ANTÓNIO MENEZES,
- *Direito das Obrigações*, 2º volume, Associação Académica da Faculdade de Direito de Lisboa, 1986;
- *Tratado de Direito Civil Português*, Tomo I, Livraria Almedina, Março 1999;

COSTA, MÁRIO JÚLIO DE ALMEIDA, *Direito das Obrigações*, 8ª Edição, Almedina, Setembro 2000;

COSTA, ORLANDO GUEDES DA, *Direito Profissional do Advogado*, 3.ª Edição, Livraria Almedina, Abril 2005;

CURADO, ARMANDO,
- *Manual Prático de Direito do Trabalho*, 3.ª Edição, Quid Júris, 2005;
- *Noções Elementares de Direito do Trabalho*, Editora RH, 1998;

DOMINGOS, MARIA ADELAIDE, *Poder e Procedimento Disciplinar no Código do Trabalho*, A Reforma do Código do Trabalho, Coimbra, 2004;

DORNELAS, ANTÓNIO E OUTROS, *Livro Verde das Relações Laborais*, Ministério do Trabalho e da Solidariedade Social, 1.ª Edição, Abril 2006;

FERNANDES, ANTÓNIO LEMOS MONTEIRO, *Direito do Trabalho*, 13.ª Edição, Almedina, 2007;

FERNANDES, MARIA MALTA, *Os Limites à Subordinação Jurídica do Trabalhador*, Lisboa, Quid Júris, 2008;

GOMES, JÚLIO MANUEL VIEIRA, *Direito do Trabalho*, Vol I, Coimbra, Coimbra Editora, 2007;

GONÇALVES, MANUEL LOPES MAIA, *Código de Processo Penal Anotado e Comentado*, 13.ª Edição, Almedina, Setembro 2002;

GOUVEIA, JORGE BACELAR, *O Código do Trabalho e a Constituição Portuguesa*, O Espírito das Leis, Lisboa 2003;

GUERRA, AMADEU, *A Privacidade no Local de Trabalho*, Almedina;

HENRIQUES, MANUEL DE OLIVEIRA LEAL, *Procedimento Disciplinar*, 4.ª Edição Rei dos Livros, Lisboa, 2002;

JORGE, AMARO, *Poder e Procedimento Disciplinar no Código do Trabalho*, a Reforma do Código do Trabalho, 2004;

LIMA, PIRES DE/VARELA, ANTUNES, *Código Civil Anotado*, 4ª Edição, Coimbra Editora, 1987;

MACEDO, PEDRO DE SOUSA, *Poder Disciplinar Patronal*, Almedina, Coimbra, 1990;

MARECOS, DIOGO VAZ, *Prática e Procedimentos do Processo Disciplinar*, Principia Editora, Março 2007;

MARTINEZ, JOSÉ ANTÓNIO, *Comentários ao Código do Trabalho*, Editora Livros do Brasil, 2004;

MARTINEZ, PEDRO ROMANO,
- A Justa Causa do Despedimento, *I Congresso Nacional de Direito do Trabalho, Livraria Almedina, Coimbra, 1998;*
- *Da Cessação do Contrato*, 2.ª Edição, Almedina, 2006;
- Direito do Trabalho, *Livraria Almedina, Coimbra, 2002;*

MARTINS, COSTA, *Sobre o Poder Disciplinar da Entidade Patronal*, I Congresso Nacional de Direito do Trabalho, Livraria Almedina, Coimbra, 1998;

MARTINS, FURTADO, *Cessação do Contrato de Trabalho*, Principia, Cascais, 1999;

MESQUITA, JOSÉ ANDRADE, *Direito do Trabalho*, 2.ª Edição AAFDL, 2004;

NETO, ABÍLIO, *Processo Disciplinar e Despedimentos*, Ediforum, Lisboa, Julho 2004;

NUNES, JOAQUIM PINTADO / AGUIAR, LUÍSA, *Guia Prático do Processo Disciplinar*, 2.ª Edição, Almedina, Coimbra 2000;

PINTO, MÁRIO / MARTINS, PEDRO FURTADO / CARVALHO, ANTÓNIO NUNES DE, *Comentário às Leis do Trabalho*, Vol. I, Lisboa;

QUINTAS, PAULA / QUINTAS, HÉLDER,
- *Código do Trabalho Anotado e Comentado*, 3.ª Edição, Almedina, Maio 2004;
- *Da prática laboral à luz do Novo Código*, Livraria Almedina, Coimbra 2004;
- *O Regime Jurídico dos Despedimentos*, Almedina, Novembro de 2005;
- *Regulamentação do Código do Trabalho Anotada*, 2.ª Edição, Almedina, Janeiro 2005;

RAMALHO, MARIA DO ROSÁRIO PALMA,
- *Direito do Trabalho, Parte II Situações Laborais Individuais*, Almedina, Julho de 2006;
- *Sobre os Limites do Poder Disciplinar Laboral*, I Congresso Nacional de Direito do Trabalho, Livraria Almedina, Coimbra, 1998;

SALINAS, HENRIQUE, *Algumas questões sobre as nulidades do Processo Disciplinar*, Revista de Direito e Estudos Sociais, Coimbra 1992;

SILVA, MARIA MANUELA MAIA DA, *O Tempo no Processo Disciplinar*, I Congresso Nacional de Direito do Trabalho, Livraria Almedina, Coimbra, 1998;

VASCONCELOS, JOANA, *Concretização do Conceito de Justa Causa*, Estudos do Instituto de Direito do Trabalho, Vol. III, Livraria Almedina, Maio 2002;

XAVIER, BERNARDO DA GAMA LOBO,
- *A Extinção do Contrato de Trabalho*, Revista de Direito e de Estudos Sociais, Coimbra 1989;
- *A Recente Legislação dos Despedimentos (O processo disciplinar na rescisão por justa causa)*, Revista de Direito e de Estudos Sociais, Coimbra 1976;
- *Curso de Direito do Trabalho*, Lisboa, Verbo, 1992;
- *Deficiência da Nota de Culpa e Direito de Defesa em Processo Disciplinar Laboral*, Revista de Direito e de Estudos Sociais, Coimbra 1987;
- *Iniciação ao Direito do Trabalho*, Editorial Verbo, 1994;
- *Prescrição de Infracção Disciplinar*, Revista de Direito e de Estudos Sociais, Coimbra 1990.